CAMILLE MAUCLAIR

—

ELEUSIS

CAUSERIES

SUR LA CITÉ INTÉRIEURE

Il doit y avoir quelque part
des figures primordiales dont les
corps ne sont que les images.

FLAUBERT.

PARIS

LIBRAIRIE ACADÉMIQUE DIDIER,

PERRIN ET Cie, LIBRAIRES-ÉDITEURS

35, QUAI DES GRANDS-AUGUSTINS, 35

1894

Tous droits réservés.

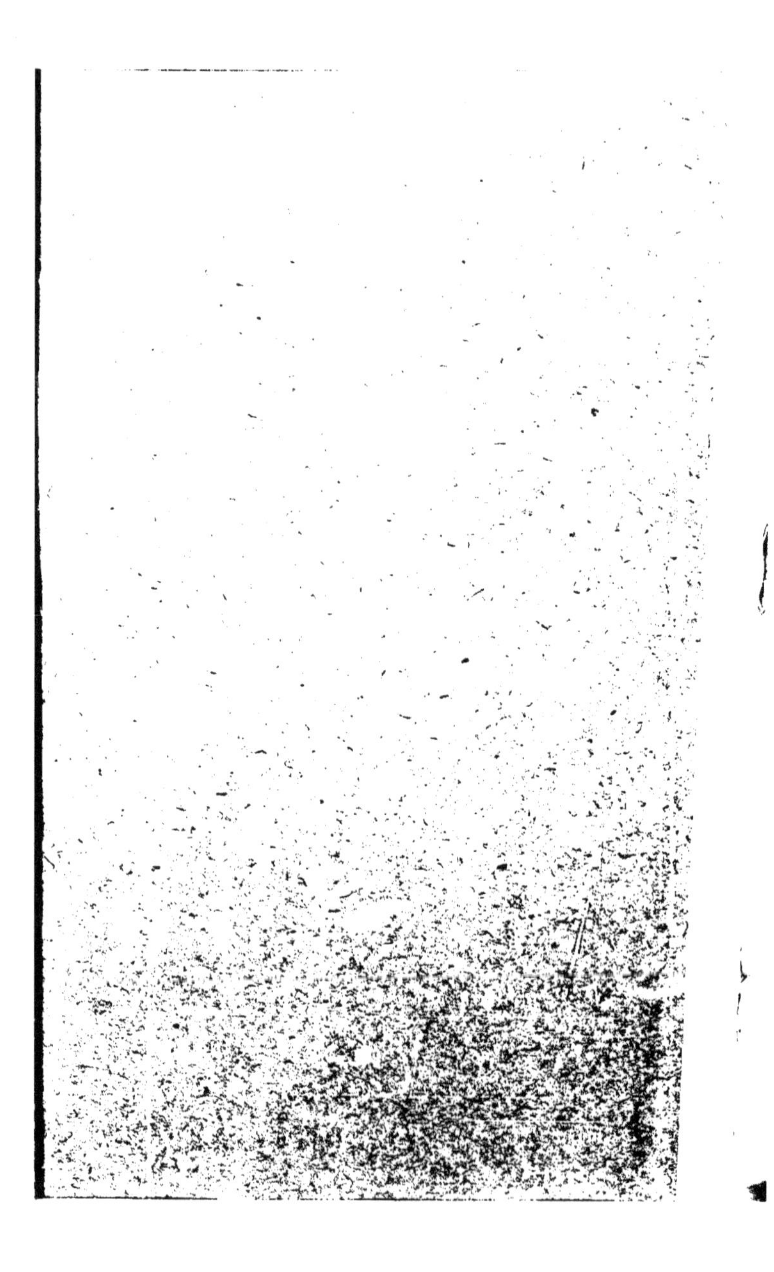

ELEUSIS

POUR PARAITRE :

LITTÉRATURE

COURONNE DE CLARTÉ, roman féerique.
ALBUM DE FANTOMES, prose.
CONCERT AU CRÉPUSCULE, poèmes.
LA PRINCESSE SAPHO, drame.

ÉTHIQUE

MANUEL SUR LA FAÇON D'ENVISAGER.

CAMILLE MAUCLAIR

ELEUSIS

CAUSERIES

SUR LA CITÉ INTÉRIEURE

> Il doit y avoir quelque part
> des figures primordiales dont les
> corps ne sont que les images.
>
> FLAUBERT.

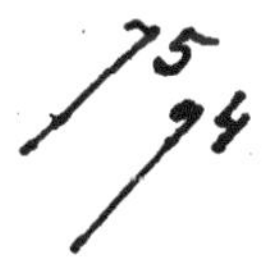

PARIS

LIBRAIRIE ACADÉMIQUE DIDIER

PERRIN ET Cⁱᵉ, LIBRAIRES-ÉDITEURS

35, QUAI DES GRANDS-AUGUSTINS, 35

1894

A

Stéphane Mallarmé

CE LIVRE DE FOI IDÉALISTE

EST

RESPECTUEUSEMENT

ET

FILIALEMENT

DÉDIÉ

Qu'est-ce donc, être poète ? Voici des feuilles où j'ai essayé de l'écrire. Accordez que, dédiées par le caprice d'un souffle inutile, il y soit question d'une rêverie. Ce sera, selon votre gré, le songe d'une ancienne aventure, le récit d'un qui revient de loin, une fable. A la mode surannée et jolie des histoires de voyages chimériques, je commencerai : En ce temps-là, je parvins au seuil d'une silencieuse cité toute pareille à l'antique Eleusis, domaine des mystères. J'appris que c'était l'intérieure cité de ma conscience, et voulus la connaître. Je l'ai visitée, j'en ai vu, par des portes entr'ouvertes seulement, en vérité, les célébrations rituelles et les usages. J'en ai dénombré les inconnaissances et les notions, les joies et les doutes, les peurs et les orgueils, de toutes ces choses les causes. Et puis, mes notes éparses, je vous les donne, et j'inscris sur le premier de ces feuillets le nom, symbole choisi de ma cité intime, de cette Eleusis d'où je reviens.

Il y a en moi du voyageur balbutiant dont les paroles se pressent pour dire, et se suspendent soudain dans l'attente d'une ressouvenance. Je ne serai sans doute point subtil, ma causerie étant fort simple en son essence, et je ne puis promettre d'être clair, intéressant, littéraire, ou quelque chose avec certitude. Voici, et sans plus, mon souci : préoccupé d'une parole contemporaine : « Être poète, c'est tenir jugement sur soi-même, » je me raconte. Non que cela doive servir en quelque apparence : mais d'aucuns parlent tant de désespérances modernes et d'âmes affligées, que celle-ci va du moins revendiquer le singulier prestige de joies et de confiances issues d'elle-même. Ces mystères célébrés dans l'Eleusis que je recèle ainsi que tous les êtres pensants, peut-être n'illustrent-ils que de gestes vides leurs notions fanées : mais les obscurs prêtres qui les honorent y croient, nos actes ne sont qu'une obéissance à ces rites essentiels et muets, nos raisons d'agir y sont toutes incluses, et je veux dire mes preuves intérieures comme je les ai vues, même fausses, parce que cela peut amuser, ou simplement dans l'instinct que *se révéler, c'est toujours le bien.* Au reste, pourquoi chercher un motif de faire un livre? C'est, pour tous les livres, le même.

Le dirai-je selon une expression ancienne ?
Ce livre est un examen de conscience. Je n'y
ai pas voulu ériger une théorie, non plus y
inclure l'essence de dix volumes. Mais j'ai
pris de toutes ces choses ce qui intéressait
l'être que je m'attends à figurer dans la vie.
Ainsi je me suis reconnu le droit de modifier
et de fragmenter les divers sujets plus loin
effleurés, n'en contemplant que la facette où
mon individualité se mire. Le sens de cette
œuvre gît dans le simple énoncé d'une conscience à la fin du xixe siècle — une docu-
mentation touchant l'art, une affirmation de
nature, et nul formulaire d'esthétique ou de
critique, car je me lève pour dire : SENTIMENT,
TU ES MON MAITRE.

Ici je n'accorde — et si inconsciemment
je l'ai paru faire, je m'en délie devant que
l'on poursuive — nulle promesse de fidélité

à une vision : car je donne, à la mode plutôt des essais d'idéations anglaises, un livre d'expressions, et il y aurait autant d'injustice à m'imposer la permanence d'une expression que de toute sensation. Oui, peut-être tout cela est déjà infiniment éloigné de moi, et vingt mille fois renoncerai-je ma persuasion. Je me préoccupe de me donner tout entier à toute minute de ma vie — sans plus, et d'explorer toutes les façons de sentir sans pousser la constance à celles que j'aurai notées jusqu'à leur reconnaître obstinément une apparente certitude que je leur dénie en secret. Et peut-être aperçois-je mieux l'honneur réel en m'offrant aux variations sensitives de la minute qui va venir, en *sentant* avant tout, laissant en gage de la minute morte ce livre, vierge de corrections et de désaveux, testament d'une heure fanée que je n'ouvrirai plus.

Je parlerai donc sur l'esthétique, la métaphysique et la morale, qui sont trois sœurs. Et aussi sur tels débats intellectuels, des légendes, des analogies et des prévisions, et sur ce qui est caché. Sur la nécessité des poètes enfin, car elle est. Ainsi j'aurai tenu jugement sur les choses que j'aime et qui sont moi-même. D'ailleurs insuffisant prophète, ne révélant, et mal, que ma conscience, mais prophète dans mon pays...

C'est, il est vrai, dans le désert, et si je me prêche, c'est pour me croire.

Janvier 1894.

NARCISSE

NARCISSE

Toute vérité a ceci de merveilleux qu'elle s'exprime par un acte très simple. Ainsi l'être humain penché sur un miroir, geste habituel et presque banal, résume en un instant tout le sens de ce qu'on nomme vivre : il se contemple.

Nous sommes devant la vie comme devant une glace, et nous nous contemplons en elle. Toute morale, toute combinaison d'attitudes, toute interdiction et toute licence décrétées en des contrats humains, se fondent sur cet acte, y recourent, et il n'est point d'autre état primordial et irréductible de notre esprit pour un être permanent de par l'alliage d'un système sensitif et d'une intellectualité. Les lois

de l'esprit proclamant que la sensation existe
en cela seul qu'elle est perçue, et la perception
étant une propriété purement intellectuelle,
l'homme, en pensant les phénomènes, ne
peut que prendre conscience de son intellect,
c'est-à-dire constituer de ses perceptions sensitives une notion assimilable à son esprit par
une série d'états analogues à l'assimilation
gastrique des aliments. Connaître cette notion
devenue sienne comme une chair spirituelle
est se penser lui-même, ou : se contempler.
Les coordinations de phénomènes physiolo-
giques et chimiques dans toutes séries ani-
males ou végétales, dans toute agglomération
atomique en un mot, procèdent de lois identiques, et l'organisme intellectuel peut, et
seulement ainsi, s'allier chez l'homme à
l'organisme physique. Le caractère d'univer-
salité de cette loi qui fait de tout être un centre
est formel, et lui confère la vertu spéciale
d'un axiome.

Cet état de l'esprit dont Hegel, reliant
génialement la métaphysique à la science,

sut parler avec la plus lumineuse netteté, cet
état est simple. Je veux dire que tout s'y su-
bordonne, que sur lui nulle influence sociale
ne prévaut. Constitué à la manière d'un
miroir double, l'homme, reflétant le monde
extérieur en ses centres sensoriels, assez
naïvement comparables à une glace à facettes,
renvoie à la glace unie de sa conscience les
rayons lumineux de ce prisme sensitif, et de
même que toutes les luminosités diffuses en
un prisme convergent sur sa face plane en
une clarté simple, née d'elles toutes et cependant différente, de même de la diffusion sensorielle se constitue, dans la conscience, la
notion. Aliment qui, chimiquement décomposé, s'incorpore à l'être et devient lui-même!
Ainsi l'esprit, constitué de notions, ne peut
voir que lui-même en elles : il s'y contemple.
Acte unique, réalisable tant que les facultés
sensitives permanent, tant que la vie ne s'est
point arrêtée.

Là même est le fondement de la personnalité, cet acte n'étant restreint que par l'abla-

tion d'un sens, rendu impossible que par la
mort. Par lui l'être soumis physiquement à
des conditions normales se prouve son existence propre et la seule part vraiment inalié-
nable de sa liberté. La personnalité résulte
uniquement de cet échange double : des
sensations transformées et réunies à l'esprit,
de l'esprit légitimant par un examen méditatif
ces acquisitions nouvelles ; cet échange, ce
balancement exact crée dans l'être un rythme,
de même que le mouvement veineux et arté-
riel dans le corps. Toute notion mal consti-
tuée, soit par un mode vicieux d'absorption
sensitive, soit par une ordonnance erronée
des perceptions dans l'esprit, donne naissance
à un malaise, ainsi qu'une assimilation diges-
tive mal combinée. Ce malaise n'est-il point
tout ce que nous pouvons exprimer par les
termes : tristesse, mécontentement ou mal-
heur? La notion régulièrement formée, par
contre, enrichit d'un savoir nouveau le jeu
de nos certitudes, et comme la nourriture
profite doublement au corps, et par l'apport

substantiel qu'elle lui dédie, et par le fonctionnement, salutaire à son développement,
qu'elle lui impose, de même la notion nouvelle
élargit par son adjonction le champ de la conscience, et tout ensemble l'excite à d'autres ad-
jonctions; car elle fortifie l'instinct primordial,
dont il sera reparlé, qui est : la connaissance
des lois totales, de la cause ou du mystère.

Ainsi se constitue, de par le rythme individuel, ou échange sensoriel-intellectuel, ce
que nous appelons l'harmonie, par un heureux instinct! car les vibrations sonores,
auxquelles ce mot est plus spécialement réservé, se propagent par des amplitudes pro-
gressives comme la connaissance des notions
par l'augment successif des notions antérieures. Ces constatations fondamentales sont
si simples, que leur commentaire est le même
en tous les ordres de la nature et dans toutes
les sciences concevables, dans l'évolution
planétaire comme dans la perpétuation des
types, dans les lois atomiques du son, de la
délinéation ou de la lumière.

L'homme naît donc avec l'intelligence du rythme et de l'harmonie : et ce sont peut-être les seules vertus qui lui soient nativement conférées, car elles constituent toute la relativité du physique et du moral, et sont les inévitables préliminaires de l'acte de vivre en toutes ses manifestations. Le rythme, et l'harmonie en résultant, sont l'échange du consentement de l'esprit à prendre connaissance des notions, et de ces notions elles-mêmes : l'être vivant, contemplant les objets en ses sensitivités ainsi transformées, se contemple. Tous phénomènes lui font retour, et il en est responsable comme de son image. En ce sens ces facultés ordonnent leur jeu, en ce sens il s'accroît, en ce sens il vit : et l'extrême simplicité de ces évidences se traduit à merveille, comme il fut dit plus haut, par un acte très ordinaire.

La force occulte qui préside au sens des vocables a manifesté ici, dans le langage usuel, une analogie à cet acte. Il est dit de tout être humain examinant une notion *qu'il réfléchit :* le même terme exprime la propriété du miroir, et le terme *se réfléchir* est commun à ces deux phénomènes. Une langue humaine, à bien considérer, est faite primordialement de rapprochements semblables, légitime par là seulement son existence, sa puissance et sa cohésion. Les mots se trouvent être ici d'une justesse particulière. L'homme pensant réfléchit, dans la glace unie de sa conscience, le faisceau de sensations en lui projeté par le prisme de ses sensibilités nerveuses. Le miroir devant lequel il se place, ou, si l'on veut, la vie, réfléchit son image et, bien qu'apparemment semblable, la lui renvoie modifiée, débarrassée en effet de sa réalité sensorielle et devenue purement idéale.

Ainsi l'être, à tout moment d'activité intellectuelle, se contemple en un miroir invisible.

Ces choses, comme toutes les autres sans doute, furent incluses en d'anciens esprits : elles se manifestent universellement, en dehors de tout corps de doctrines morales ou religieuses. La parole de Jésus qui, représentant la Cause ou Dieu, prenait le pain et le vin, substances perçues sensitivement, et les offrait en disant : « Ceci est ma chair et mon sang, » c'est-à-dire en présentant à l'être conscient les sensitivités du monde extérieur qu'il se doit assimiler comme notions, proclamant tout ensemble la faculté humaine de s'annexer progressivement les notions jusqu'à la fondamentale ou Dieu, — la parole de Jésus permettrait de commenter métaphysiquement le christianisme selon la théorie de l'autocontemplation. Mais, négligeant cette parole, et toutes celles éparses en les religions d'âges disparus, nous rencontrerons, sous la forme la plus frappante et la plus convenable puisqu'il fut parlé de réflexion et de miroir, dans les primitives légendes de l'Hellade, un mythe extraordinaire et profond, révélé aux pasteurs ou aux prêtres qui le créèrent par une des plus absolues visions métaphysiques qu'un être humain puisse connaître. Ce mythe est celui de Narcisse.

Enfant étrange et naïf, amoureux de son image contemplée en une eau lucide, se mourant de langueur sur la rive, penché vers cette rose illusoire de ses lèvres vues et désirées par ses lèvres réelles, peu à peu expirant et fané dans sa chair pour s'épanouir en pétales blancs autour d'un cœur d'or, éternel et stérile enfant, Narcisse, dont l'histoire et les fatalités, et toutes les émotions vitales sont contenues en : se trouver beau, mourir et refleurir. Toute sa légende est en ces actes simples. Pâtre adolescent, peut-être en quelque ruisselet de village hellénique mirant sa songerie et regardant s'irriter au reflet de sa chair ses premières luxures, il scandalisa les gens jusqu'à ce qu'un penseur, comprenant le sens secret de cet amour, lui conférât, avec l'effacement des années, cette abolition des permanences charnelles imposées par la méditation à l'être qui en est l'objet, érigeant ainsi cette forme jolie d'âme puérile à la mystérieuse austérité d'un symbole.

Narcisse est un enfant beau. Il réalise la beauté grecque : l'harmonie [1]. Ses facultés, comme ses membres, s'allient normalement et concourent à la même fin, qui est de *le manifester*. Il est en tous points l'être au fonctionnement régulier : ses sensations refluent en notions dans son esprit comme son sang dans son cœur, l'air dans ses poumons. Beau, bien constitué, eurythmique, il est. Savourant l'inexprimable quiétude que savent conférer à une chair noble les communions de la connaissance, il se développe librement dans la nature antique. Il est heureux, ses actes s'harmonisent à ses désirs : il joue.

Penché sur la rivière, il se distrait de la fuite glauque de l'eau sur les joncs. L'eau fuit. D'infimes exils d'animalcules et d'herbes, des luttes d'insectes, des chants imperceptibles et tout le prestige des reflets, des cités trônant

---

[1] La transmutation symbolique dédiée à cette légende par les Grecs instituait d'elle : la beauté à soi suffisante, être impersonnel et supra-humain. Voici un autre mode d'envisager, sans l'altérer en ses données, ce mythe à sens superposés, toute légende parabolique rayonnant en significations diversement licites.

sur des algues, des floraisons de lueurs et des
tristesses crépusculaires nées d'un frisson de
feuilles, des morts et des aurores, tout le
génie qu'est un spectacle de ruisseau, amusent
Narcisse. Cette vie atomique l'éblouit de ses
chatoiements, et il y reconnaît, aussi complète mais plus restreinte, la Vie. Surtout la
joie contemplative en lui s'exalte lorsque ses
yeux dans l'eau rencontrent et caressent son
apparence. Parmi tout ce tumulte minuscule,
aussi opulent d'émotions que le drame des
existences humaines, son image introublée
permane. Enfant grec, en lui le respect de la
beauté qui conseilla ses ancêtres chante,
ordonne que ses yeux trouvent beaux ses
yeux, que ses lèvres trouvent belles ses lèvres.
Oh ! comme il se découvre harmonieux, l'enfant d'Hellas dans le ruisseau fleuri ! L'immémoriale sérénité l'étreint: des hérédités peut-
être plus que séculaires, astrales peut-être !
l'oppriment. Ses lignes sont belles : il les
aime.

Puis il s'estime. La pâle Éthique, avec un

doigt sur sa lèvre invisible, le conseille tout
bas. Sur l'élément fantomal, sur l'eau plus
fugitive qu'une soie, plus perverse qu'une
chevelure, sur l'eau entraînant des mondes,
son image demeure. Penché sur la Vie, il
regarde ses fluctuations et ses vertiges : il les
regarde dans le sein même de son être. En
lui triomphe la certitude que tout cela se
passe en lui. Le fleuve se dérobe éternellement : lui reste. Les nuages volent, spiritua-
lisés de lumière, dans le ciel frais : lui
demeure. Qu'il lui plaise de fermer les yeux,
et c'est la nuit, le ciel a disparu, il en est le
maître. L'union de ces troubles, en lui, silencieusement s'accomplit. Il s'ignorait si grand.
Un Narcisse orné de gloire le regarde dans
l'eau vive, et l'idée d'être cela l'émeut. *Il
s'aime* de deux choses : d'être un domina-
teur, et d'être beau. Ses lignes contentent
son désir de lignes harmonieuses. Il admire
ses lèvres et ses yeux, et tout l'avril de sa
chair jeune éclôt en ce premier frisson de
désir. Voilà venue la décisive et sublime

minute où la Beauté ne se sépare plus du Bien. L'être de sérénité, né avec l'instinct de transmettre son apparence, s'éprend d'une première eurythmie qui est la sienne. Il est charitable comme la luxure, et son image, vue dans le fugitif miroir, n'est que l'allégorie en laquelle, subitement, il prend conscience de cet amour de soi-même qu'il contenait sans le savoir, et qui recélait son bonheur même, et sa joie...

Narcisse aime son moi. L'âge premier de la pensée est accompli.

A son moi, Narcisse, selon l'offrande éternelle de l'amour, vient dédier tout ce que perçoivent ses sens, le parfum violent des herbes folles, la douceur de sa chair et de l'eau, le chant câlin des brises dans les feuilles, l'air suave et ce monde minuscule du ruisseau, et la roseur du corps joli qu'il reflète. Il savoure la bonne ivresse d'EXISTER. Et surtout il s'aime parce qu'il demeure, et que cette sécurité est tout son désir. Il songe qu'à l'exemple de cette fleurette coupée glissant sur l'eau parmi son reflet, toute chose morte dans la vie glisse sur le temps devant ses yeux, et que ses yeux la voient morte sans s'interdire la clarté du soleil. Joie inouïe! Il atteint le paroxysme de son sang. Il chérit en lui la nature entière. Il chérit ses yeux qui lui dévoilent l'aurore et le crépuscule, il chérit ses lèvres qui puisent aux fraises cueillies une douceur profonde; tout lui est cher, ses sens, les connaissances que son corps entier lui donne ; Narcisse crie du triomphe d'être Narcisse...

Et songeant que tout cet apparat n'existe que pour son âme, et que les sources de ses sensations ne versent leur miel que pour sa joie, l'enfant symbolique aime son âme. Son corps n'est plus l'objet en qui s'amassent les riches caravanes de ses luxures ; il a franchi l'orgueil et l'égoïsme de la jouissance physique, il entre dans la spiritualité.

Il aime en son corps le symbole de lui-même, il se devine une Fin supérieure à ce corps, il se connaît : une Idée incarnée.

Ainsi le désir de sa puberté, l'amour de la vie jailli de la pureté de son sang et de l'économie parfaite de ses formes, la mémoire de longues séries d'ancêtres épris du Beau universel, tout, luxure, amour des choses, orgueil d'exister, tout exalte l'âme de l'enfant Narcisse. Il est demeuré en concordance avec lui-même. Il a salué en son image une belle apparence sœur de la sienne, en son âme une alliée éprise de ses passions et triste de ses tristesses : ayant contemplé l'existence, il a reconnu qu'elle était en lui et qu'il ne la connaissait qu'en lui. Parmi les versatiles contingences, son reflet est demeuré. Mais qu'il lui dédie, à ce cher soi-même qu'il appelle, le plus de joies ! Qu'il dompte toute la Matière et la lui donne, qu'il prenne en ses bras comme un bouquet les horizons et les étoiles sur la mer, qu'il devienne Tout pour créer le Tout ! Ce délire saisit Narcisse : être la Matière et se savoir tel ! Il veut la connaissance de toutes les causes, il veut la raison du

Monde, il renonce à l'acte, il s'absorbe, *il
pense*.

Sachant que rien n'existe que par lui, qu'il
contient tout amour, Narcisse aime toutes
choses en lui ; il aime tout parce que tout
est perçu dans sa conscience. *Aimant tout
en lui, Narcisse est l'Amour.*

Ainsi, par-delà son corps qu'il avait tant
aimé, les yeux profonds de l'enfant prédestiné commencent à entrevoir dans l'Infini
un autre Lui-même qui est le réel : ce lui-
même, aux yeux ignorants des autres hommes,
il serait aussi vain que semble l'être le reflet
où il découvrit la vie. Mais Narcisse sait bien
qu'il n'est pas illusoire, l'autre lui-même, et
qu'il est authentique et essentiel. *Par-delà
son Moi, il commence à concevoir son Soi, que
son corps représente et qui est sa fin véritable.
Et alors qui sait si toutes les limites qui
interdisent l'expansion du Moi ne s'aboliront
pas devant le Soi ?*

Narcisse touche à la divination du Mystère :
il est un être pensant. Il veut connaître les

notions, leurs lois, leur raison intime, et s'identifier à elles. Son histoire, commencée en coquetterie, développée en sensualité, s'achève en pensée. Il conçoit : il honore en lui sa conscience. Il n'agit plus, ne songeant pas à recréer expérimentalement les phénomènes, mais à saisir leurs affinités. Il conçoit jusqu'à s'oublier. Charnellement, on pourrait dire qu'il dépérit. La foule innombrable des connaissances s'unit dans son âme en un chœur si formidable, que les relativités physiques et morales se disproportionnent. Narcisse est perdu en une harmonie supérieure : *il comprend*.

Narcisse languit près de l'onde éternellement mourante. Narcisse regarde passer en lui le rêve du monde.

Le voici concevant tous les actes futurs comme des émanations de la conscience humaine qu'il adore en lui. N'est-il pas lui-même le symbole de lui-même ? Ce n'est plus dans la rivière qu'il se contemple et s'aime, c'est dans la Vie entière. Il se conçoit

la Vie, il se conçoit la Matière. C'estle délire
et le vertige que le cerveau ne peut plus contenir, c'est l'élan hors de soi, c'est la minute
où l'Infini ouvre ses yeux tristes : Narcisse
se conçoit tout, se dédie tout, il est Tout...

Et comme ce miracle, but éternel ! va s'ac-
complir, Narcisse abdique sa méprisable
enveloppe corporelle.

Et c'est l'assomption sur laquelle personne
ne peut énoncer la plus petite parole, — ce
qui contint Narcisse gît inerte.

Oh ! *Narcisse est mort*, Adonis et Vénus
de lui-même !

Sa forme bientôt va s'abolir. Il l'a mysti-
quement rejetée ; il est ailleurs, il possède à
présent la matière. Il est mort de s'être trop
aimé — il est devenu libre de ses contraintes
corporelles pour offrir à son âme tous les
trésors de toutes les connaissances.

Et comme le miracle, qui plus tard s'ac-
complira dans Jésus, ne s'est pas accompli
cette fois dans la destinée, comme, une fois

de plus, le Prométhée qui voulait tout savoir est mort dans cet enfant, — du moins un signe de son aventure doit l'attester au souvenir des hommes :

Et une fleur au cœur d'or s'épanouit, efflorescence de la matière. Elle perpétue le nom symbolique de Narcisse.

Narcisse, symbole de soi-même, aimant tout en soi-même, unissant toute connaissance en toute conscience, est l'ébauche visible de Dieu. Et l'idée seule de cette fleur, qui seule révèle encore sa mystérieuse contemplation, suscite, comme toute parcelle de la substance, l'idée divine.

Ainsi se clôt, en son commentaire logique, la légende du Jésus païen.

Note métaphysique. — J'ai aimé puiser tout ce que je veux dire ici dans cette histoire symbolique d'anciens temps. Je ne connais pas de mythe philosophique plus vaste : et je n'ai jamais rencontré de simplicité plus sublime qu'en cette allégorie de l'idéation humaine. J'imagine que tous les modes d'idéa-

tion se concentrent là, et tous les mystères,
s'il en est. Car voici l'union de la connaissance et du connu, de la perception et du
perçu, rêve éternel de l'esprit.

Non, nulle imagination ne surpassera celle
de l'enfant-fleur, et le symbole y trouve son
principe essentiel. Narcisse, s'aimant lui-
même, corps, âme, intellectualité, aimant
tout en lui, a convoité de sortir de son moi
par amour du soi. *J'entends par Soi la fin
idéale de comparaison entre les phénomènes
et l'esprit — par Moi, la figuration contin-
gente du Soi, la forme humaine qui le manifeste, ou : son symbole.*

Ainsi Narcisse est remonté de son symbole,
de son incarnation matérielle, à lui-même [1].
Dès que cela s'est produit, Narcisse a cueilli
le fruit interdit de l'arbre Ygdrasil : il a dé-
passé, narguant le destin, le droit de demeurer un homme. Car nul homme ne dépasse
son moi, sinon idéalement : il y tend seule-

---

[1] « Je ne suis pas cet homme frêle que vous voyez : mais
seulement j'y habite. » (Barrès.)

ment : c'est ce qu'on appelle le rêve. Dès cette seconde, l'esprit abdiquait sa forme : il fallait qu'il cessât d'y être inclus. Il est mort ; la substance du symbole qu'était son corps, ne signifiant plus son esprit, mais le gênant, s'est abolie. Narcisse libéré est devenu immatériel, véritablement une idée pure.

Note théologique. — Ici je dis que Narcisse et Jésus sont frères. Oui, tous deux je les rêve, au-dessus des âges, de grands signes, maîtres du mirage de l'Incarnation, fiancés de la chose cachée, dieux du même amour : et je leur dédie de semblables hommages.

Tous deux ne sont-ils pas de pareille trans-substantiation ? Tous deux représentants d'un mode d'idéation de l'esprit, tous deux maté-rialisés, tous deux jaillis hors de la matière après des miracles. Narcisse s'est découvert pour lui-même, Jésus s'est découvert pour les autres, et tous deux alors sont morts, et de tous deux il est resté un signe visible et matériel : de l'un le sang du Graal, de l'autre la fleur au cœur d'or, témoignage de leur incarnation momentanée. Le monde est édifié, de la métaphysique à la théologie, sur ces deux symboles.

Car il fallait qu'un témoignage matériel demeurât : aussi la Croix fut-elle fleurie de sang réel ; aussi la fleur aux puretés d'hostie fut-elle réelle.

Je veux dire que la totalité des illusions s'y put concentrer sans hypocrisie.

Note esthétique. — Que pénétré du sentiment du Soi, je me tourne vers l'art, puisque là sera mon vœu, mon cloître et mon ciboire : voici quelque lumière du monde apparent et de l'autre peut-être...

Le poète, ayant conçu les vérités qui demeurent derrière les formes, noue en un geste de grâce et de rythme les innombrables relativités des formes ; il les noue en une seule tresse, chevelure de Bérénice, idéale parure d'une glacée Hérodiade, et de ces cheveux annelés, comme un amant fidèle, il se fait une bague. Puis, ingénu, il se penche sur le fleuve des tumultueuses apparences qui s'enlacent, étincellent, chantent fugitivement: et il comtemple en cette onde courante son image immobile.

Poète qui portes, tel Gygès son anneau magique, ton âme au doigt, si tu tournes l'anneau des mille illusions que l'on nomme réelles, il te fait découvrir et percevoir, et, comme le berger ancien, tu n'es pas perçu. Tu peux ainsi te proclamer roi du peuple des symboles aveugles.

Poète, Narcisse qui imagines le monde et y contemples ton image reflétée, ton reflet ne te perçoit pas. Se manifester, c'est être semblable à la lumière, qui n'existe que parce qu'elle crée l'ombre : car si l'ombre concevait la lumière, elle serait elle-même la lumière. Mais elle ne sait rien.

Il faut l'attester, toute la métaphysique s'allie à toute l'esthétique en une parfaite fusion, pour aboutir à ceci :

L'homme ne peut devenir un symbole absolu.

S'aimant, et là est le principe même de la personnalité, il tend à réunir en lui le moi et le non-moi. Il va vers l'identification aux lois naturelles, c'est-à-dire graduellement à la libération des lois sociales (éthique) et à la divinité (théurgie). Mais sa modalité substantielle, s'y élargissant, se déforme par là même : et c'est la mort. L'homme ne peut se concevoir idée pure. Il ne peut imaginer que sa chair, dépouillant toutes ses attributions et tous ses modes pour contenir tous modes et attributions concevables, et demeurant pourtant identique, devienne la preuve substantielle de sa connaissance de la cause. Bien que le temps ni l'espace ne soient, la construction de l'esprit humain détourne cette possibilité dans les catégories de l'absurde. Voilà l'unique antinomie où toutes se ramènent, voilà l'énigme de Jésus, et aussi celle de Narcisse : voilà l'incompréhensible.

L'homme tend en sa raison intime à cette résultante. La mort empêche que l'être s'érige en symbole, en signe visible du Verbe. Et

c'est à mon sens la seule conception accep-
table du Paradis ; il ne doit être qu'idéalement, mais il est, ce que nous appelons le
bien n'est que son magnétisme.

Ainsi ce qui permane en l'homme s'oriente
vers le dénombrement de ses symboles futurs ;
c'est encore un aspect du rêve. C'est ce qui
détermine les actes de l'homme, sa part de
réciprocité dans les commotions ethniques.
Vraiment je m'en tiens sur moi-même à
cette seule notion : il est nécessaire que
l'homme ne soit qu'une fraction symbolique,
et il tend à être un symbole universel, à
être, en un mot, Jésus, à représenter l'idée
toute de la divinité (c'est nous qui créons progressivement la notion Dieu, dit Hegel).

Jésus est donc l'artiste par excellence,
puisque celui-ci veut être maître, par une
recréation, de tous les mirages de la substance.

Ainsi le Moi est dominé par le Soi, le Soi
est Dieu, le Moi en est le symbole sur la terre.

Plus on fera le moi riche et grand, plus on complétera l'image de Dieu en soi-même. Il faut toujours qu'il agisse dans ce sens, qu'il *s'exalte* (là est toute la morale) afin de consacrer au Soi plus de notions. Le moi tend à représenter Dieu, non pas à l'être.

La forme physique interdit à tout homme d'être autre chose que le symbole de lui-même. Tout personnage de fiction esthétique accroît donc sa symbolique en raison directe de l'étude que l'on y consacre : il incarne un certain nombre de parcelles de la connaissance. Il faut donc toujours songer au Soi en satisfaisant son Moi, sans quoi l'on se trompe : et l'inconnu n'aime pas que l'on fasse erreur sur ces choses. Le Moi est respectable en tant qu'énonciation du Soi. Autrement, livré à des intérêts purement apparentiels, il contrarie l'harmonie des causes et des associations, et il devient, s'il s'oppose au Soi, réellement haïssable.

Il n'est défendu à personne de tenter Dieu.

Je souffre un peu de sentir combien toutes

ces phrases sont obscures et maladroites. Pourquoi l'encre est-elle inexorablement noire ? Il y a tant de lumière sur ces paysages de la conscience... et un frôlement d'aile sournoise, tout s'efface. Pourtant il ressort de ce que je viens d'écrire qu'au seuil de l'expression esthétique j'aime violemment mon moi. J'accepte tout le possible de l'opinion. Le silence, la musique, et quelques-unes des autres belles psychés m'ont persuadé que cela était bien.

Le temps présent me montre des frères spirituels épris de cette ivresse abstraite, de ce sadisme saint. Oui, des Narcisses, ils le sont, et moi-même. Ainsi que, glacé par l'émotion d'un péril, le sang reflue de toutes les veines au cœur, ainsi l'unique danger de la vie quotidienne fait refluer notre force intellectuelle en nous-mêmes. La solitude et la personnalité intransigeante nous raffermissent, et nous convenons que seule reste valable la passion personnelle. On meurt de solidarité utilitaire, d'association à des fins viles et contingentes, d'absence éthique ; on meurt de demeurer au milieu des étrangers. Il faut être libéré de son temps.

J'en appelle aux mille hommes qui savent que l'art existe, en France. Les meilleurs doivent s'abstraire. Tous se confinent en eux-mêmes, et tous sont des Narcisses, par goût, par besoin, par horreur d'autre chose que de leur image. Ils sont fiers et stricts : leur sen-sualité toute cérébrale ne les dompte pas, mais les exalte. Et sachant qu'un pouvoir est en eux, ils vont dans la vie les mains vides.

Vraiment ce chapitre, commencé en logique et continué en parabole, arrive presque à l'acte de foi. Certes, je le dis sérieusement, parce que je me suis reposé souvent déjà en cet endroit — il faut croire au moi, et l'ai-mer, comme le marin croit à son vaisseau en pleine mer, et l'aime. Et surtout il faut vivre dans le moi en pensant toujours à complaire au soi, à cette spiritualité aînée qui, elle, est libre. Nous sommes l'exil de nous-mêmes, l'exil momentané d'un pays sans espace et sans minutes, où nous retournerons. Et nous ne devons pas nous oublier nous-mêmes. Car le banni de la Floride ne regrette pas Java, car l'aigle ne regrette pas le pigeonnier, ni la graine d'amandier les fenouils : mais tout pleure vers le pays d'élection, et notre soi n'est pas celui des autres, et notre corps ne doit pas se sacrifier à celui des autres, et le respect de l'ordre et des lois hyperphysiques interdit l'amoindrissement mutuel — et les fins ne se confondront pas, non plus que se mêleront les êtres créés pour elles : il n'est nulle sympathie ni charité justiciable hormis les affinités.

C'est décidé. J'accepterai, par respect envers moi-même, le nom détesté d'égoïste, et j'obéirai seulement à mon miroir. En cela, je verdoierai conformément aux feuilles, qui emploient chacune la sève qui leur est départie, et ne s'en prêtent point les unes aux autres : oui, j'aimerai posséder la morale d'une feuille et la logique d'un bourgeon. Je me doute que si nous grandissons, nous élevant progressivement jusqu'à l'âge adulte au-dessus du sol, il y a là une marque que le moi doit s'élever par degrés vers le soi — et que tous les hommes dignes de ce nom devraient mourir debout et les bras levés, comme les arbres vers la lumière.

Que je le crie donc, mon égoïsme, au nom duquel je tenterai plusieurs choses ; et puisqu'aussi bien je l'accepte comme le salut, et l'identifie au plus essentiel de moi-même, je lui dirai ici une invocation liminaire.

Instinct vital, prince du cœur, je te révère, ô exaltation !

Toi seul fais l'être fort. Tu décrètes la conscience et tu fais jaillir l'orgueil. Tu donnes l'humilité aussi, car le poids du monde commande tout ensemble l'orgueil et l'humilité, et tu nous rends responsables du monde.

Tu intensifies le sentiment de la vie ; toi seul rends clément. Lorsque j'aimerais dédaigner toutes illusions, tu m'insuffles la fierté d'en créer d'autres, ô Narcissus, ô Fallacia — car tu es un dieu et une déesse, et toutes les déesses et tous les dieux, reflets de nous-mêmes, et je veux te donner une foule innombrable de noms, comme j'ai une foule innombrable de consciences.

O Mendacia ! O Veritas ! Car tu es le vrai et le faux, les notions et les mirages, je te salue, égoïsme, mensonge et vérité, notion première. Jadis, m'isolant sous la parole de maîtres déformateurs, tu m'apparus comme un refuge, ô tour d'ivoire qui es en moi. C'est mon corps qui est ma tour, et tu es plus impénétrable que lui, ô pâle habitant de moi-même.

A l'aurore de mes sensations, lorsque je m'éveillai du hideux sommeil de l'enfance, je sentis que tout me venait par toi, égoïsme : je défaillais en ne me rendant pas tout ce que je me devais. Je sus qu'il n'y avait de devoirs qu'envers soi-même, et que le respect de soi implique le ménagement des autres, ô Conseilleur ! Et je résolus de me développer et d'aimer en moi la conscience de l'univers jusqu'à en mourir. Et tu te tenais devant mon indécision comme une inscription qui rassure, ô mon Fantôme !

Témoin de mon initiation aux harmonies, intermédiaire de Dieu et de moi-même, tu m'appris à tenir pour nul l'être que j'apparais, à révérer, ô confesseur, l'être que je suis devant Dieu.

Je t'ai tout de suite aimé, comme les oiseaux aiment le rocher au-dessus de l'eau. Je t'ai toujours vu haïr comme les chameliers haïssent le sphinx, parce qu'ils ne savent point ce qu'il regarde, et vers quelle source limpide il tourne ses yeux profonds ; mais moi je sais la source et tu m'as enseigné où tu voyais et ce que tu voyais.

Tu fais entreprendre les grandes choses, ô Stimulateur ! En pensant à toi, tout l'être humain se cambre comme un arc. Tu dédaignes la pitié, sentiment servile : car tu es blessé de la misère comme d'une chose laide, et tu y remédies impatiemment pour rétablir ta sérénité, sans en faire à personne un mérite, ô Esthésie !

Tu consoles par l'exaltation et la beauté
d'être tout seul en face des autres, Eleusiaque !
Tu ressuscites l'anachorète en tout esprit, tu
es ma force vive et mon souci, tu vis dans
mon ombre et tu résumes mon univers. Je
me confie en toi, seul tu es très puissant, ô
Primitif. Il n'y a rien et il n'y aura jamais
rien qui ne se pose sur ton granit. Et cependant tu es léger comme des pétales de neige
et tu es parfumé comme une brise des îles,
ô Mélissa ! Car tu passes sur l'arome des
silences, des musiques et des pudeurs.

Il faut se confier en toi parce que Dieu
ne se révèle qu'en toi, sentiment véridique.
Que les autres te méprisent, je t'offre tout et
je te salue, ô moi-même. La morale des
autres ne m'importe pas, la mienne est plus
hautaine, seul je sais la suivre. Elle est de
promener en moi la dignité d'un univers
que je recrée, par toi, Feu primordial !

Car nous sommes tous des Narcisses dépositaires du monde, et tu nous attestes, ô fleur
de notre instinct, refuge de nous-mêmes,

témoin omnipotent, cœur d'or ! Il faut te chérir, source de force, il faut te savourer, élixir, il faut recourir à toi, breuvage.

J'irai sur le penchant de ma vigne surnaturelle et je presserai toutes les grappes de souvenir et de beauté, toutes tes grappes, espalier de ma confiance : toi seul es la liqueur féconde, ô Genialis !

Des péchés tu fais germer des vertus, par toi l'orgueil est le désir de Dieu, l'avarice s'affirme le goût de la concentration, l'envie se révèle l'appétit d'avoir plus d'âme en captivant celle des autres : tandis que tu donnes à la belle colère toute la parure du défi aux choses extérieures, et que par toi les trois sœurs, la luxure, la gourmandise et la paresse, se rajeunissent en amour des formes, des choses douces et des rêveries.

De tout ce qui est selon le soi tu recrées de la beauté ; de tout ce qui lui est contraire tu instaures des vices promis à des châtiments nouveaux. Tu rejettes toutes lois, ô Thémis, hormis l'harmonie au sens des choses :

Tu es l'orientation du symbole que je figure, ô Stella, vers l'idée-force que je suis, et le monde est éclairé au sentiment de moi-même, et tourné vers ma spiritualité, du milieu des sensations je crie à elle, comme à l'Étoile sur la mer.

PSYCHOLOGIE DU MYSTÈRE

PSYCHOLOGIE DU MYSTÈRE

Ce que j'appelle mystère? Vous le savez, ou plutôt vous le sentez — un certain nombre d'avertissements terribles, le silence, ce qu'on devine dans l'ombre, les formes d'objets usuels qui se modifient lorsqu'on tourne la tête, les haleines que l'on sent très douces sur la nuque lorsqu'on se penche sur un livre, la physionomie des fenêtres closes, ce qu'il entre de nuit par une serrure, les farces méchantes de ce qui est inerte, les êtres qui marchent sous terre dans la trace exacte de nos pas, le reflet des nuages sur les vitres, les ombres des arbres dans l'eau, et celles qui tombent sur le chevet, et celles qui se couchent à travers les chambres, et les figures

qui naissent des plis des étoffes et des moisissures des vieux murs, et les cadavres apla-
tis des vêtements jetés à terre, et les bruits
qui cessent, et ceux qui recommencent soudain, et les pendules, et une fontaine s'égout-
tant dans l'obscurité, et l'air ridicule des
morts, et la néfaste prophétie des yeux des
passants, et la lamentation du faîte des
maisons à six heures, et l'horreur des miroirs où l'on ne se reconnaît pas, et tout...
Vous le savez, tout cela. Vous savez ces
témoignages innombrables et mélancoliques
de l'illimité, et ils nous sont une langue si
connue, que nous jugeons inutile de la déterminer par des raisonnements, tant elle est
plus certaine et permanente que la raison.
Ainsi je ne rechercherai pas ici une certitude
dans la définition de ce qui est mystérieux;
je la trouve en l'esprit de ceux qui suivront
ma divagation, et *je sais qu'ils savent de quoi
il s'agit*, en sondant les profondeurs de leur
mémoire jusqu'à l'opacité des terreurs premières.

Il faut croire que le monde est simple. Il
faut se persuader qu'il est très simple : cela
est très vrai et bienfaisant. La difficulté est
d'étreindre fortement cette idée, de se déta-
cher de l'analytique et de se confier au synthétique : cette idée est une des plus malaisément accessibles. On n'y parvient qu'après
de longs détours : avec la croyance que la
bonté est la fin de toute morale théorique ou
utilitaire, cette persuasion est de celles qui
s'imposent en dernier ressort au jugement.
Toutes deux sont pareillement fécondes et évi-
dentes, et rayonnent de simplicité pareillement : et cependant on n'y atteint qu'après
de longues sinuosités. On est en route vers
elles depuis l'enfance, comme vers un fanal :
elles sont fixes comme la lumière, et on
tourne dans maints replis devant que d'en
supprimer l'éloignement ; elles prennent
diverses formes, ou plutôt nous les leur
attribuons en nous égarant nous-mêmes ;
et il se trouve à la fin qu'elles sont im-
muables et qu'elles n'étonnent point, tant

l'on se convainc. qu'elles étaient la cause naturelle de tous les efforts de l'humanité.

Nous connaissons presque tout, mais nous n'évaluons pas tout selon des plans. Il y a des déclivités dans le terrain du paysage de nos sensations, et le mystère demeure dans les excavations.

Si un peintre médite un tableau, en compose dans son esprit l'arrangement et les tons, et l'y dessine et l'y peint idéalement, et qu'à côté de lui attendent les couleurs et la toile, il n'y a apparemment rien de créé, et nulle relation entre les instruments et la conception : et cependant il y a déjà une foule de proportions et de relativités ténues et indéniables entre les couleurs et les pinceaux faits pour réaliser, et l'esprit qui les emploiera. Ainsi l'on peut dire que le tableau est déjà commencé. De même, entre ce qui est mystérieux et l'esprit, il existe un espace vide, et la grandeur de cet espace varie selon ces éléments : et si l'on pense plus ou moins à ce qui est énigmatique, on situe différemment les deux pôles.

Les choses ont un sens. Je n'entends point parler présentement de l'estimation de leurs rapports. La science connaît seule de ces rapports, et les appréciations chimiques et organiques constituent une harmonie de situations et de règnes qui est le sens scientifique des choses. Je veux considérer uniquement l'influence que les objets exercent sur la conscience.

Dans ce sens, nos fatalités résident. Car nous prêtons aux objets toute notre vitalité spirituelle, et elle se retourne contre nous-mêmes : ainsi le sens de notre perception influe sur ce que nous percevons, et plus nous affirmons, plus la nature s'affirme : et plus nous vérifions, plus les choses se vérifient. Il en est de même des événements. Car un événement n'est que le rayonnement de sensibilité d'un objet, réel ou fictif : ainsi la lutte pour une couronne, quand bien même la couronne n'existerait point matériellement, est une tentative de conquête d'une certaine somme de sensibilité, qui est l'émotion provoquée immémorialement par ce que signifie le mot et l'idée de couronne. L'événement est une accumulation du sensible ; et selon ce que nous comportons de faculté assimilative de l'émotion nous ressentons ce qui arrive ou n'en sommes point touchés.

Le mystère est la quantité variable entre notre conscience et le phénomène. Aussi varie-t-il avec chacun des hommes, naît-il et périt-il avec lui. Nous ne trouvons pas à notre venue au monde un contingent immuable de choses inexpliquées, mais seulement des orientations entre lesquelles il nous faut choisir.

L'à-priori du mystère n'est point : « Tout se meut par réciprocités ou relativement à une figure seule, » dit M. Stéphane Mallarmé en parlant de la dramaturgie. Il se trouve formuler en même temps la loi de toute intellection. Le mystère ne demeure pas fixe, il évolue relativement à notre esprit. J'expliquerai à l'issue de ce livre que le théâtre ne nous paraît pas absurde précisément parce que nous ne le concevons que sous la réserve de cette similitude. Selon notre désir d'interpréter, le mystère croît ou diminue. Ceux qui n'interprètent point, mais se confient à l'apparence et dénient au phènomène toute finalité spirituelle, sont plongés dans une nuit absolue, mais selon que nous poussons plus ou moins le volet, la lumière grandit ou s'éteint.

Il est raisonnable de songer qu'il n'y a de point fixe qu'en le sujet. Encore évolue-t il physiquement et moralement selon d'incessantes circonvolutions, mais son centre de gravité, si l'on peut dire, se déplace toujours sans modifier ses rapports avec toutes ses parties, et de la sorte il passe par une succession d'états de stabilité.

L'équilibre est la seule conception logique de la fixité, et n'entraîne point la nécessité de demeurer immobile. Ainsi nous ne devons pas plus admettre l'inertie de la notion du mystère, autour de laquelle nous serions censés tourner, que l'inertie de toute autre idéation, mais songer qu'elle se déplace avec nous-mêmes, et qu'elle se modifie avec le sujet.

Nous sommes les créateurs de notre mystère, nous l'engendrons comme un suc: nous sommes les abeilles de notre sensibilité ; nous nous en nourrissons et nous la recréons pour nous en alimenter encore. Il n'y a jamais eu qu'un mot essentiel, qui est : sentir. Entre la conscience d'une sensation et cette sensation elle-même, il y a une quantité modifiable, et selon que nous sentons plus ou moins profondément, cette quantité s'intensifie ou s'anémie. Le savant détermine la valeur scientifique d'une hypothèse : mais toute hypothèse trouve sa fin en elle-même touchant l'éthique. Nous devons seulement multiplier les hypothèses, qui sont des tentatives de restriction de cette quantité dont je parle: et ainsi nous découvrirons la véritablement légitime et logique destination de notre en-

tendement. Car c'est en nous exerçant à
fonder une hypothèse sur tout objet au lieu
de nous tenir à la décision de nos sens que
nous acquerrons progressivement l'habitude
aisée des tacts et des propositions mysté-
rieuses.

Il est à penser que tout le perceptible, et
particulièrement en morale toute la série des
certitudes et des conflits de droits et de
devoirs, se résorbe en quelques conditions
d'harmonie et d'équilibre, peut-être même
en quatre ou cinq gestes. Je dis sérieusement
que c'est là une raison de révérer la danse,
et de songer qu'un théorème, un schéma, un
impératif ou une méthode dubitative, découvrent leur suprême expression dans le dé-
nouement d'un ballet, car c'est toujours l'art
qui a raison et qui, par un jeu d'abandonnée
coquetterie, magnifie le très obstiné labeur
de l'esprit humain aux prises avec l'abstrait.

On s'étonnera de ce que je dis: j'en ai été
plus étonné que personne, et maintenant je

sens bien que cela doit être accepté. Certes le monde tient dans quelques gestes : et nous avons déjà bien assez de peine à les faire comme il sied, nous qui marchons continuellement à côté de nous-mêmes sans arriver à nous saisir. Déjà nous sentons bien que nos sentiments primordiaux, et jusqu'aux plus intimes, ne nous sont point essentiels, et que nous y assistons sans les ressentir. Que serait-ce si toute cette complexité que nous imaginons était nôtre ? Il nous faut extrêmement peu de raisons de vivre : il n'en faut même pas du tout, et nous n'arrivons pas à en étreindre une. Nous vivons une vie infiniment sourde, sous-jacente et restreinte, qui ne peut faire aucun retour sur notre entendement, et nous assistons aux gestes d'un étranger qui analyse et classe selon nos besoins humains. Seul cet être analytique qui nous représente dans la vie peut parler. Et comme il use d'expressions réglées et limitées dans leur signification, il ne peut presque rien exprimer.

Nous savons que le silence est infiniment supérieur à la parole. Car s'il ne lui était point supérieur, nous parlerions dans les plus chères circonstances, et cela pourtant nous est impossible, parce que tous les paroxysmes dépassent si fort les précisions du langage articulé, et sont tellement plus directs, plus précis, plus hautains et plus sonores que la parole, que nous ne pouvons nous résoudre qu'à nous taire. La vie de l'homme trouve sa suprême expression dans quatre ou cinq moments de silence. Il en est qui ne se sont jamais tus, et ceux-là n'ont jamais rien compris, mais ils ont seulement commenté l'émotion d'autrui.

Toutes nos paroles sont faites pour aboutir au silence. Les quelques occasions que nous présente le sort de toucher à l'absolu s'expriment par la taciturnité. Un homme qui parle peut nous plaire, nous surprendre ou nous irriter, mais nous ne connaissons vraiment le respect que devant un homme muet, parce que nous ne savons jamais ce qu'il est occupé à contempler.

Le mystère qui gît dans un objet vient de nous. Il émane de notre aperception, et lorsqu'à le considérer nous arrivons à lui découvrir une apparence singulière, une attitude de hasard et de fatalité, nous ne faisons que ressaisir le caractère qu'au premier aspect et inconsciemment nous lui avions attribué. C'est l'analyse qui nous dévie de cette connaissance synthétique du caractère.

Une chose ne se constitue que de son vide, je veux dire de son immatérialité, de son silence. Ce que nous appelons l'amour n'est peut-être que le fait d'agrandir infiniment par hypothèse délibérée la quantité variable entre l'apparence que nous nous constituons d'un être et notre conscience. Nous y accumulons le meilleur de notre mystère, et nous en interprétons avec exaltation le mutisme et l'énigme.

Enseignons-nous donc dans le silence et l'instinctivité, qui sont simples, car seule importe l'élévation de la personnalité, et ni les paroles ni les contextures de la logique n'y contribuent.

Je ne sais pas s'il y a un Dieu, ou plutôt s'il est opportun de penser à cela. Mais je sais qu'il y a un conseil: je l'entends. Il est volage selon les bestioles rampant le long des plantes, et selon l'inclinaison des feuilles, leur ombre mouvante sur le sable, la ride de l'eau, le grain du grès rouge, le nervure des ailes d'abeilles en travail, et toutes les choses inquiétantes dévolues par le hasard ou l'opportunité de la matière.

Le simple et le composé s'annihilent: le simple est le faisceau du composé. Le saisissement des milliers de détails sollicitant les sens dès l'instant premier de la vie est si grand, qu'il faut sourire à l'idée que tout cela tient dans un clignement des paupières. Car on est tellement effaré du phénomène, de la multiplicité incommensurable de ce qui a lieu, qu'on se réfugie vite dans une impression d'ensemble, et qu'on accourt de là à l'adjonction d'un

autre ensemble, et puis encore à la supposition des autres horizons, et des mers au delà,
et du vide, et des autres mondes, et de l'ellipse
qui engendre et régit les autres mondes, et du
triangle qui synthétise les proportions, et du
point qui résume les orientations, et de l'infi-
nitésimal que le point lui-même n'atteint pas,
étant une force morale et imaginative. Ainsi
l'on revient à son âme : et le cycle s'achève
si l'on se dit que c'est jeu d'idéation, et si,
humble saint Georges, on terrasse par le
silence et le songe de soi-même l'étrange serpent mordant symboliquement sa queue.

Le conseil est d'être selon les feuilles. Et
les femmes selon les herbes aquatiques, qui
sont chevelues. C'est peut-être toute la sagesse
qu'une chevelure ; chacun des cheveux enlace
de soie le secret peut-être de tout le possible,
et noue ensemble les secrets; et ils résument
l'attitude la plus désirable, qui est de demeurer dans le sens de son intimité.

Je n'entends point qu'on doive demeurer
semblable à soi-même, car il n'y a à cela nulle

logique et nulle beauté — mais équivalent, et déplacer son intuition sans fausser le rapport constant de la conscience et du phénomène.

Le but de l'effort humain n'est point de compliquer, mais de simplifier. Ainsi que les chiffres qui composent un nombre ont une valeur individuelle, mais ne l'ont qu'en raison de ce nombre alors qu'on le considère particulièrement, ainsi les phénomènes analysables ne prennent dans notre esprit que la qualité de parties composantes d'un ordre naturel — et l'analyse n'en doit jamais s'attarder au point de trouver en elle-même sa finalité — mais elle doit tendre uniquement à instituer la loi des phénomènes, partant une simplification. L'aboutissement suprême de la connaissance de la nature est un argument métaphysique, et une science peut s'amuser à des découvertes industrielles, mais elle ne se légitime que si, par une évaluation des phénomènes et de leurs rapports, elle arrive au cours des siècles à présenter une conclusion touchant cette fin — s'alliant ainsi à l'analyse des intuitions, qui est le propre de l'effort des esthésies.

Ce n'est pas sans prévision que la figure primordiale de la beauté se tenait debout sous l'arbre de la science, et il y a promesse de réconciliation pour ceux qui voient...

***

Il y a encore le mystère de la magie qui est une bonne plaisanterie. C'est surprenant comme notre esprit est jovial envers lui-même. Nous relions un certain nombre de coïncidences parmi les légendes du monde ancien : les bizarreries du nombre sept, les sept jours de la création, le chandelier de l'arche, les sages grecs, les merveilles du monde ; nous comparons Jésus, Adonis et Mithra, Dionysios et saint Denys, l'agneau du rite perse et l'agneau pascal, le serpent qui se mord la queue et le serpent de l'arbre biblique, Josué et Christophe Colomb, cent autres histoires ; nous entremêlons tout cela de commentaires sur Méduse, sur le Tau et la croix grecque, sur le Graal, et avec tous ces débris de la tradition mythique nous proclamons le surnaturel, parce qu'une table tourne.

Qu'est-ce que c'est que le surnaturel? Il n'y a que la Nature, et nous en participons avec une puissance et une subtilité bien plus profondes que la physiologie ne le peut encore déterminer, voilà tout. Il n'y a pas de discontinuité entre le monde naturel et le monde surnaturel. Il y a un cycle humain et un cycle juxta-humain, si l'on tient aux querelles de mots : il y a le phénomène saturnien parallèlement au nôtre. Mais il n'y a pas un mystère ni un surnaturel pour chacune des parties de la nature. Ainsi il ne faut pas plus nier le surnaturel que l'affirmer, car il n'existe pas hors de nous-mêmes. De ce que notre connaissance ne peut pas s'énoncer entièrement ni dire les suprêmes paroles sur elle-même, il ne s'ensuit nullement qu'elle ait une borne

au-delà de laquelle commence une région
extra-intelligible. Il est contradictoire que les
lois de la cosmogonie aient un effet de récurrence, mais tout va d'un mouvement indéfini,
et il ne peut jamais être question que d'un
agrandissement de notre nature. Si les savants
sont assez malavisés pour nier des propriétés
de l'esprit parce qu'ils ne les ont pas encore
analysées, c'est une défaillance à leur devoir,
mais la croyance est aussi absurde qui pré-
tend qu'en effet un autre monde existe au
dehors, car il n'y a ni dehors ni dedans, ni
dessus ni dessous, et tous ces mots n'ont
aucun sens.

Il est certain que la puissance des analogies est énorme. Mais son jeu prouve justement que tout ce qu'on appelle le surnaturel
est intuitif. De la répercussion des coïncidences dans les mythes de toutes les civilisa-
tions, il ne peut précisément naître qu'une
constatation : le consentement secret de tous
les esprits à s'agrandir dans la sensibilité, et
non à s'amoindrir sous l'intervention d'une

volonté venue *du dehors*. Du dehors de quoi? Est-ce que quelque chose a une fenêtre sur le dehors?

Je sens, au contraire, dans tout phénomène subit, un élan taciturne de l'intellectualité enfiévrée, un besoin de connaître davantage, et ce qu'on appelle le sens du Mystère, je l'appellerais avec joie le sens de la connaissance.

Il y a certainement, sous l'histoire extérieure des nations, une histoire éthique intérieure, un clavier singulier où toutes les mains participent à une symphonie universelle, un jeu sous-jacent, et les légendes, les analogies, sont ce que nous entendons de ce pianotement. Mais c'est une erreur fondamentale que de prendre acte de cette mélodie pour prétendre qu'elle est jouée par un étranger et par un possesseur du surnaturel. L'agencement des mythes est toujours selon la facilité de synthèse de la connaissance — ceci est une loi historique — et la magie, ou le bizarre ramas ainsi nommé, va à l'encontre de cette notion. Il faut pourtant se rendre compte qu'il y a une histoire scientifique de la sensibilité, dont les phénomènes dits surnaturels ne sont que des reliefs encore indéterminés; et cette branche nouvelle ne vient pas d'un arbre voisin, mais du vieux tronc de l'arbre Ygdrasil, comme toutes nos branches. Mais on amalgame des éléments légendaires, on s'étonne de coïncidences qui ne sont pas surprenantes si l'on songe qu'elles proviennent du sentiment du simple, on s'obstine à analyser, à commenter et à morceler ces analogies aussi naturelles que la dualité des lobes du cœur ou des yeux, on rapporte deci, delà, des phénomènes de magnétisme et d'influx nerveux, moins que cela même, des variations de pesanteur et de polarité, et l'on décrète un mystère de plus — réglementant ainsi au profit de théogonies plus ou moins profanes les affectivités et les manifestations atomiques qui ne sauraient modifier notre esprit. Art et amusement de thaumaturges, mais non-valeur métaphysique.

*
* *

Pourquoi inventer un monde des choses terribles? Nous les avons toutes en nous, et celles qui ne sont plus, et celles qui ne sont pas encore, et celles qui ne seront jamais. Et si nous ne les contenions pas, nous ne pourrions pas vivre. Et si nous n'avions pas peur de la terreur, nous aurions peur de la joie, tant il faut que nous frémissions dans la nature. Et nous ne pouvons différencier exactement une frayeur et une joie, en l'impression que nous en ressentons; car la fatalité réside derrière nous, une partie de son visage et de son corps est dans l'ombre, et l'autre dans la clarté; et qu'elle abaisse sur nous la main ombreuse ou la main lumineuse, nous nous sentons toujours touchés, et cette altière et étrange caresse nous fait également souvenir de sa pâle figure.

*
* *

Il existe — et c'est une grande éventualité

— des consciences en forme de cavernes contiguës. Elles se correspondent sous terre, secrètement, sous le poids énorme des circonstances et le paysage extérieur. Et soudain elles se rejoignent par le simple heurt d'un écho qui roule et se répercute assez pour briser la mince lamelle de schiste qui les séparait suprêmement. Et c'est alors, d'une conscience à l'autre, une immense circulation d'atmosphère libérée. C'est le trouble des premières rencontres. Et les recéleurs de ces consciences, qui vont l'un vers l'autre avec des visages étonnés et défiants, cherchent sur leurs visages l'effondrement caché de ces cloisons, et ils ne peuvent presque rien dire, parce qu'ils écoutent en eux-mêmes le grondement infini de la sympathie subite.

*
* *

Ce que nous appelons le rêve n'est pas non plus une lueur en dehors de nous. C'est l'état primordial de notre esprit.

Il faut bien songer que nous deviendrons tous des fragments de légendes. Nous nous mettons en marche à travers la vie vers nous-mêmes, dès l'enfance : et nous sommes si fort embarrassés dans la broussaille contradictoire de l'éducation, que nous errons longtemps pour retrouver l'étang de simplicité où nous baigner dans la nudité de notre songe. Et beaucoup ne s'y baignent jamais. Le rêve, c'est de nous connaître nous-mêmes, et libres.

Et nous nous apercevons fugitivement dans le sommeil ; nous nous y contemplons grandis et comme debout sur des collines. Et quand nous avons les yeux fixes et clos, bien que levés, à tout spectacle extérieur, nous nous efforçons de déterminer notre fantôme véridique dans le tumulte des apparences. Nous désirons nous saisir perpétuellement. Si nous imaginons un beau pays ou un acte extraordinaire, nous ne nous y passionnons que pour notre personnage futur. C'est le secret de l'émotion du théâtre. Nous ramenons toutes les circonstances à une loi simple, et cette loi ne peut être que notre intime raison: il nous paraît que cela est naturel, puisque c'est notre désir. Ce que nous nommons le rêve n'est que l'état idéal de notre esprit, et nous sommes continuellement sur le point d'y atteindre — mais nous n'y atteindrions que par l'abolition complète des choses inharmonieuses et des circonstances malavisées, et il nous faudrait mourir. Ainsi j'ai expliqué que nous ne pouvons être le témoignage de nous-mêmes avant d'être morts comme Narcisse, et nous tendons à mourir pour toucher à cette simplicité du rêve — à nous-mêmes essentiellement. C'est ainsi que le rêve ne nous est concevable que supravital, et que nous le voyons se déplacer devant nous comme une seconde ombre.

Le rêve, c'est le désir du Soi. C'est l'innocence de la raison pure. Cette innocence est encore en nous. Non, il n'est pas possible que nous sortions de nous-mêmes. On ne sort jamais de rien, car on ne sait pas où l'on

entre, et l'on n'entre pas, et l'on ne sort pas.
Il n'y a pas de limite déterminable d'une sur-
face, d'un visage dans l'air : et il n'y a point
non plus de limite dans l'intellectualité, car
la convention d'une limite suppose quelque
chose au delà, et c'est indéfiniment reculer
jusqu'aux confins du monde, dont rien ne
peut restreindre la supposition. Tous nos
actes et toutes nos paroles sur le versant de
notre vie engendrent autant d'immobilité et
de silence sur le versant de notre rêve, et
ces quantités s'égalent et se contre-balancent :
mais les versants ne finissent jamais, pas
plus que les vagues de la mer n'ont de commencement ni de fin : et une grande sagesse
peut naître de la physionomie de la mer.

*
* *

Ce que nous prenons pour du mystère
n'est souvent qu'une inconnaissance temporaire des rapports. Ainsi nous plaçons une
grande part d'énigme dans la femme, que
nous n'avons jamais bien envisagée et sur

laquelle nous ne parvenons pas à nous accorder : et l'amour est une de nos hésitations les plus grandes. Cela provient tout simplement de la dualité de l'entité féminine, du rapport mal défini qui situe sa conscience entre la maternité et la luxure.

Il est indéniable qu'avec toute la virtuosité de la chair, tout le suave emploi des lignes, des couleurs et des parfums, toute la savante gradation des caresses, la femme a édifié un art de l'impudeur — art dont je parlerai ultérieurement. Et cet art est, comme toute esthésie, ce que j'appellerai une *production stérile*, ou moins obscurément une notion trouvant en soi sa finalité. Cependant la maternité rejette sa finalité sur l'enfant à venir, et notre malaise vient de ce que nous ne pouvons deviner à quelle minute cette finalité se déplace dans l'œuvre d'art que constitue la caresse, à quel moment l'impudeur esthétique devient la maternité utilitaire, générique et sociale. C'est de là qu'est née cette absurde distinction de l'honnêteté ou de la honte de l'union charnelle selon les cas : et elle est née de cela autant au moins que de la nécessité sociale, approuvant le plaisir producteur de soldats et de citoyens, flétrissant le plaisir du seul individu. C'est ainsi que nous ne pouvons nettement concilier la mère et la femme, et que nous demeurons troublés, devant l'illogisme individualiste du mariage par exemple, à la pensée des rapports que nous devons entretenir avec l'épouse. Cette indécision constitue à peu près tout ce que nous appelons le mystère de la femme. Alors que la nature la conçoit femelle, nous la concevons stérile, et nos caresses n'ont point un but de fécondation — et s'en déconcertent lorsqu'elle apparaît soudain. La femme est encore un des objets dans lesquels nous projetons le plus d'imagination, et une femme rencontrée est fille de notre esprit exalté, elle est façonnée par nos mains heureuses, et l'intervention brutale du phénomène de la grossesse nous arrache ce délicat fantôme que nous nous plaisions à orner, et le rejette bassement dans une des formes hideuses de l'animalité.

Nous ne comprendrons jamais la figure d'Ève, nous ne la représenterons jamais avec clarté, à cause de ce malentendu entre la luxure et la reproduction. Si Ève est pour nous la Femme, nous sommes tacitement blessés de l'imaginer avec les hanchés larges et la poitrine nourricière d'une Cybèle. Nous allions malaisément ces deux visées, et nous serions tentés d'inventer deux Èves avec des organes distincts, l'une exaltant notre désir de la chair jusqu'à un paroxysme tel, que la fécordation de l'autre ait lieu sans que nous nous en apercevions. Car nous n'aimons jamais une femme, mais deux à la fois, l'une pour notre luxure, et l'autre, éventuellement, pour la bestiale maternité. Notre rêve, en somme, une Ève et une Vénus.....

Ainsi ce mystère de la femme vient encore de nous. Car si nous la sentons créature humaine par l'enfantement, et vraiment notre compagne, nous ne connaissons dans la luxure qu'un étrange être de soie qui vient à nous pour des cérémonies cachées et belles, mais n'est probablement pas du même monde que nous, car il n'existe qu'à nos moments de paroxysme ; et lorsque, projetés hors de nous-mêmes, nous touchons fiévreusement à un monde sensitif supra-humain, alors la puissance de la chair se manifeste, et nous confions à la femme retrouvée une infinité de désirs de l'absolu...

Voilà un rapport mal défini, deux paysages de plans inégaux ; mais combien n'en existe-t-il pas, que nous conquérons lentement sur le mystère ? Non, il ne gît pas en dehors de nous, mais nous l'extrayons comme un diamant du sable de notre solitude — il se cristallise dans le sel de chacune de nos larmes — il s'évade du puits de notre silence.

*
* *

Notre intuition se plaît à embrumer nos paysages intérieurs, et lorsqu'elle effleure une âme d'élection, elle la caresse longuement dans un délire spirituel plus alliciant de se révéler dans les ténèbres.

Nous sommes les auteurs de l'obscurité du monde, et nous ne pourrions pas vivre sans cette quasi-substance, cette seconde atmosphère, cet espalier penché vers notre goût — sans cette expansion de notre esprit vers la source illimitée de la destinée.

Nous nous attachons fortement à ce qui est inexpliqué, et quelque joie que nous offre la connaissance, nous lui préférons la décision de notre silence, et ce nous est une beauté délicate que le toucher savant de l'invisible. Il nous est doux de nourrir notre Satan. Et quand les objets ne nous donnent pas assez de sensibilité diffuse, nous haïssons la nature et nous la transposons dans une femme, et nous l'inventons alors le paysage que nous ne pûmes entrevoir. C'est là que la luxure devient meurtrière, religieuse et véritablement sacrée et terrible.

Nous sommes les gardiens d'un sceptre que

nous n'avons jamais vu, et de son absence
s'épanouit son prestige. Il est licite que l'esprit se dévoue à une immatérialité, non point
à son témoignage ; ainsi nul symbole ne
trouve sa valeur en soi, mais en sa raison
d'être, et cette raison d'être étant notre création, nous nous y contemplons et nous y
admirons Narcisse une fois de plus. Et les
symboles choisis au cours de notre vie sont
parfois des objets comme le sceptre, l'éven-
tail ou l'épée ; et parfois ils sont des êtres
vivants.

Nous sommes souvent les symboles les uns
des autres, et nous nous commentons inter-
médiairement les uns les autres. Voilà le
secret de l'amitié, dont je veux parler présentement comme de la chose la plus essentiellement mystérieuse, imprévisible et dominatrice
dont j'aie conscience. Nous projetons nos
ombres et nos reflets, et nous nous éclairons
réciproquement et nous nous obscurcissons :
c'est ainsi que se colore notre vie et prend
naissance l'élection de nos sympathies. Nous

ne savons pas de qui parmi nos semblables nous sommes les intermédiaires, mais nous le pressentons par un sursaut spécial de nos affinités. Nous sommes quelquefois balancés longtemps par les conjonctures avant de connaître le visage de nos amis, et nous les formons d'abord en notre esprit à l'image de ces frères intérieurs qui se lèvent de notre songe, beaux et revêtus de nos espoirs et de nos pressentiments : c'est bien longtemps après qu'ils adviennent, différents de nous et enfantés par nous, ces êtres au regard amical que nous pensions illusoires : mais ils marchent à côté de nous, moins comme des frères d'humanité que semblables à nos fantômes. Dans l'apparence de ceux que nous aimons, nous considérons avec amour les dépositaires de quelques-unes de nos hypothèses, et en quelque façon nos exemples. Le temps s'abolit, et l'étonnement — et au bout de quelques instants nous savons que c'était depuis toujours. Ainsi nos amitiés sont bien les jeux de nos songes et la convocation de nos ombres — immatérielles et nos filles.

Accumulateurs de sensibilité, nous ne pouvons surprendre en nous-mêmes l'instant où l'échange s'en accomplit. Lorsque nous sommes parvenus à la parfaite sympathie, et à ce que je n'appellerai jamais plus bellement, au sens intime, que la cordialité, le silence devient notre si expressif langage, que nous en négligeons un autre, sinon quant à l'élimination rapide et oublieuse des ingérences de la vie familière. Et si nous avons à nouveau besoin de la parole lorsque nous sommes face à face, c'est que nous ne marchons plus de compagnie, et que nous avons cessé de nous comprendre : alors nous recourons au truchement de la langue commune — et nous nous tenons vis-à-vis dans l'attitude d'étrangers. Ainsi notre vie est livrée au pressentiment : et ceux qui l'éprouvent le plus souvent sont plus rapprochés de la connaissance que ceux qui l'éprouvent moins fréquemment, l'instinct est le maître de notre isolement et l'arbitre de nos contacts, et il n'est point de méthode qui surpasse en validité le conseil de sentir le plus possible.

Penchés sur nous-mêmes, nous écoutons des voix confuses. Les unes viennent d'autrui et nous parlent personnellement, les autres viennent de nous-mêmes et parlent à autrui. Et d'autres ne viennent point de nous et ne s'adressent point à nous, mais elles nous traversent comme des vases poreux, comme des calices de cloches, et celles-là sont les plus précieuses, elles ne nous appartiennent pas et nous ne devons pas les retenir : mais elles doivent être transmises aux autres hommes, et nous devons même nous mettre en route pour les restituer à ceux à qui elles sont destinées. L'expression esthétique est le moyen suprême de cette restitution. Ainsi l'œuvre d'art est toujours un message, et ce message peut être adressé de l'avenir au présent, comme l'ombre de tout objet peut être visible avant lui-même, s'il est caché par un détour. Car l'avenir nous parle par-dessus les circonstances, et nous l'entendons comme un bourdon à midi, comme les baisers d'une femme derrière une porte fermée, comme la palpitation des plantes dans les ténèbres et selon la disparition de tout ce qui paraît être interposé par le hasard.

DU SYMBOLE

DU SYMBOLE

Notion fugace, et dont on parla maintes fois sans préciser, et en des acceptations singulières !

Je songe avec André Gide [1] que « j'appelle symbole *tout ce qui paraît* ». Je veux dire les objets.

Il existe une infinité d'écritures. Les unes idéographiques, les autres hiéroglyphiques, les unes représentatives, les autres conventionnelles et schématiques. Il en est une qui signifie le Divin, l'Abstrait, et qui s'adresse à l'ensemble des organes de la sensibilité. Cette écriture du silence, chaque objet et chaque phénomène en est un caractère formel.

[1] André Gide, *Traité du Narcisse* (1892).

Je ne veux point substituer ici en un inutile recommencement ma maladroite parole à celle de Plotin ou de Hegel, lumineux annonciateurs de l'idéalisme, non plus à celle de Kant ou de Schopenhauer, mon maître. Mais j'effleure seulement, pour l'élucidation d'une querelle d'art, les hypothèses éthiques et cosmiques de ces génies.

Un objet est distinct de sa notion pure ; il s'y résorbe. La réalité d'un objet, c'est-à-dire l'ensemble de ses moyens d'influencer la perception, n'est qu'un mode de révélation de son idée, et c'est la réunion d'un certain groupe de parfums, couleurs, tacts, etc., qui fait naître en mon esprit, après la sensation, l'idée que j'ai été impressionné par une rose. Je classe cette idée de rose dans mes notions présentes, et la cohésion de ces notions crée en mon esprit une mémoire ; toute ma vie n'est que cette continuité de classification et de souvenir. Et je remarque que seule ma conception, étant idéale et non matérielle, est durable et inattaquable, puisqu'ainsi elle échappe à tout danger physique, et que cette rose dont je parlais se peut détruire mille fois sans que la connaissance que j'en ai conservée s'affaiblisse. Si donc quelque chose est réel dans tous ces éléments, ce n'est pas la rose que j'ai regardée, mais c'est la disposition de mon esprit dont elle est cause. Je sais bien que l'apparence et l'habitude nous donnent une autre idée de la *réalité*, et l'adjoignent généralement à la matière : pourtant l'*essentiel* dans cette rose prise comme exemple, c'est la conception que je m'en suis créée, bien plus sûrement qu'elle-même.

J'aime insister à l'aide d'un second exemple. Tout événement, dans l'âme d'une foule, détermine, dès son annonce, un commencement de sa propre synthèse. Les cris premiers sont d'analyse, de terreur ou de joie ; on scrute les détails et les motifs, les circonstances adjacentes. Mais lorsque le fait est proclamé, son classement dans l'ordre des phénomènes, ses similitudes, sa physionomie devant l'heure et le développement de la

race, tout cela commence aussitôt de s'évaluer, et le fait voit de plus en plus diminuer
son intégralité et se ruiner sa situation auto-
nome, il cesse d'être le centre de la pensée
pour s'harmoniser à ses analogues. La conscience accomplissant ce travail, cette mise au
point avec la plus diligente équité est celle
de l'homme qui exprime le mieux l'événement.
Il diminue l'angle de l'esprit humain et du
phénomène : pour lui, le mystère du fait
jailli s'abolit : une psychose demeure, *qui
est tout le fait*. Il n'y a donc que des rapports,
des évaluations qualitatives, des idéations
pures auxquelles s'adjoignent les manifestations plastiques de la substance, qui en sont
le témoignage, et pour ainsi dire les idéogra-
phies.

Ne suis-je donc point conduit à prétendre
que cet apparat de couleurs, de parfums, de
lignes, de tacts, n'est qu'un prétexte à fixer
ma mémoire — et par suite à le rapprocher
des caractères d'une *écriture*, dont le but est
identique ? Il faut se faire de la *réalité* une

idée plus *réelle* et plus certaine que l'idée de
la substance : et l'idée logique étant l'essence
d'un fait [1], aucun fait ne peut démentir une
idée logique : il n'y a de certitude, ou plutôt
de relativité de certitude, que dans la conscience. Ainsi, je constate que la matérialité
d'un objet n'est que le signe de la notion de
cet objet, la marque de son existence, et l'ensemble des objets constitue une écriture,
dont le but est de nous remémorer nos associations d'idées, mais qui n'est rien en elle-
même.

J'appelle symbole tout objet, et je découvre
à cette écriture symbolique deux caractères
qui la différencient profondément des écritures d'invention humaine : c'est d'abord
qu'elle s'adresse à tous les sens, et ensuite,
et surtout, qu'elle exprime un langage muet.
Elle ne traduit point un son qui serait la
parole de Dieu : elle est silencieuse. Elle traduit une pensée et non une voix.

Retrouver cette pensée de l'univers est le

[1] Villiers de l'Isle-Adam.

même fait exactement que retrouver le sens d'une phrase, ou la pensée de celui qui l'écrivit.

Or, cela mène à trois actes : une recherche métaphysique, une recherche scientifique, une recherche esthétique — et ce que l'on appelle la morale se conforme au degré et à la réussite de cette triple enquête.

Il y a une syntaxe des phénomènes comme il y a une syntaxe des mots. La Science, qui étudie l'événement, en étudie l'orthographe. La Métaphysique, qui s'applique à la pensée de l'auteur, étudie la phrase entière en sa signification. L'Art étudie le chant de cette phrase et la forme de ses lettres. Mais tous trois ont un but commun et indissoluble, qui est, ayant compris tout ce qui est écrit, de communier avec Celui qui écrivit.

La morale, c'est avoir plus ou moins compris.

J'appelle donc symbole tout objet (dans le sens opposé à : sujet), et je considère les symboles comme un groupement de caractères constituant l'écriture du monde, par suite son sens, ou sa loi, sa cause. Peut-être sera-t-on surpris d'une telle conception ; mais je rappellerai que l'écriture pure et simple est déjà une merveille si extraordinaire et si cachée, que le fait de considérer une *écriture d'objets* n'implique guère plus de stupéfaction.

A-t-on songé à ce que c'est qu'une écriture ? C'est effrayant comme les sinuosités de la mer. Une lettre par elle-même n'est pas une tache noire sur du papier blanc ; c'est un signe sonore. C'est du *son fixé* et perceptible à des milliers d'êtres. Le caractère en lui-même n'est pas de l'encre, mais une matière semi-idéale. Puisque nous y retrouvons la pensée d'autrui sensibilisée comme le soleil sur une plaque photographique, il faut bien qu'elle y soit idéalement. L'encre alors s'adjoint une substance, une façon d'intellect-matière, qui est invisible et pourtant la plus essentielle, puisque sans elle le mot, la phrase, la page ne seraient que des séries de maculations. Le consentement de nos esprits se dépose dans ces linéaments noirs ; c'est pareillement que se dépose dans un paysage la notion pure que nous en imaginons. De même que, consultant l'écriture a près cent années, nous retrouvons infailliblement la même énonciation sonore, de même nous appliquons avec certitude la notion d'arbre ou de rocher, éternellement, à l'inertie muette de rochers ou d'arbres à des siècles de distance. Je ne vois pas qu'un phénomène soit plus terrible ou incompréhensible que l'autre : ce sont deux naissances de l'esprit, et il n'est pas plus invraisemblable de considérer le monde comme une phrase que de prendre nonchalamment, pour se distraire et par jeu, un grimoire — noir sur blanc — d'où chante, à l'appel de notre mémoire de l'alphabet, la pensée de Perse éteinte depuis deux mille ans. A bien considérer, le monde est fait de rapports analogues, qui sont incroyablement obscurs ou extrêmement simples, selon qu'on convient de s'étonner du simple ou de l'accepter. Car nous sommes naïfs jusqu'au prodige, nous poussons de petits cris devant les circonstances comme les enfants devant une poupée : ils savent qu'en pressant un bouton ils lui feront ouvrir les yeux, et ils sont pourtant effarés lorsqu'elle les ouvre. Ainsi nous ne parvenons pas à comprendre que les choses sont de telle sorte, et ce que nous appelons la science n'est peut-être que la recherche de toutes les autres sortes dont elles eussent pu être présentées.

Cette écriture du monde, que conclure de son sens ?

Il y a une chose que je veux dire avant toutes les autres. C'est que le symbolisme, pas plus que l'idéalisme, ne constitue un art. On a parlé beaucoup de l'art symbolique : les uns ont pensé le découvrir, les autres ont soutenu qu'il avait toujours existé. Il a donné prétexte à une foule d'écoles, de manifestes, de controverses... J'incline à penser qu'il y a malentendu sur le mot et sur la chose.

Qu'on fasse entrer l'*allégorie*, l'*analogie*, la *coïncidence* en concours d'une composition esthétique, rien n'est plus naturel : mais *le symbolisme, c'est-à-dire exactement le fait de considérer l'objet comme distinct de sa notion pure, comme témoignage d'une écriture du monde dont le sens gît en notre sensibilité*, le symbolisme n'est pas autre chose qu'un théorème d'idéalisme hégélien, et ne peut donner titre à une tentative d'art que par une impropriété de signification étymologique.

Le symbolisme est une partie de l'idéalisme, en quelque sorte son avant-propos. Qu'il soit convertissable en esthésie, c'est absolument logique ; mais en lui-même et primordialement, il est aussi inassimilable à l'art que la notion de polarité par exemple. On ne « fait pas de l'art avec le symbole » et cela ne veut rien dire ; le symbole, c'est l'objet. A ce compte, tout écrivain « fait du symbole » et les critiques des quotidiens l'affirment gravement en présence des hyper-

boles et des généralisations de M. Zola, qui
ne sont rien moins que des symboles. On
arrive ainsi à louer pour un idéalisme un
matérialiste qui le renie — et encore sans
que la louange ou le reniement aient raison
d'être !

Il faudrait pourtant raisonner d'un peu
près ces choses. Le fait de considérer l'objet
comme distinct d'une notion de l'esprit n'a
rien de commun avec un art, et son application à l'esthétique produit une œuvre entièrement distincte d'une série d'hyperboles
comme *les Rougon-Macquart*, qui, leurs
qualités mises à part, sont l'œuvre d'un cerveau fermé à toute notion pure et à toute
cogitation. Tout le monde parle des objets,
et tout le monde n'est pas symboliste, en
admettant que cela signifie quelque chose,
car le symbolisme serait de ce fait une banalité presque absurde, et une évidence grossière jusqu'à ne plus être considérée un seul
instant avec sérieux.

Il est certain que le fait de se rallier à cette

conception des objets désignée sous cet étrange nom emporte des conséquences profondes dans la composition d'une œuvre d'art, mais elles sont tout autres que les critiques, contents de peu, se les imaginent. Si l'on considère en effet l'objet comme une substitution matérielle à l'idée que nous en gardons en notre mémoire, on ne produit plus les phénomènes au premier plan, comme les naturalistes, mais au second, et après la domination de l'esprit.

Voilà une première conséquence d'une tournure symbolique de l'esprit — car il n'y a pas de symbolisme effectif, de corps de notions d'art symbolique, mais une façon de voir. Le symbole, l'objet, l'élément de toute œuvre, ne doit pas être étudié pour lui-même. Un cadavre, un appareil magnétique, ne sont pas le fluide ou la vie, mais les moyens de les percevoir. Ainsi l'objet matériel ne sera étudié qu'en tant qu'intermédiaire entre sa réelle existence et nous-mêmes. Il nous dénoncera sa notion pure, et l'ensemble des

objets nous dénonceront l'ensemble des notions, ou un ordre d'idées. *Leur matière ne
nous impressionnera que pour nous fournir
des idées.* Nous ne porterons pas leur intérêt
sur eux-mêmes, mais en eux sur l'idée que
nous nous en faisons.

C'est dans ce sens que j'expliquais, touchant le mystère, que nous sommes les symboles les uns des autres ; en amour, par
exemple, il nous arrive de contempler la vie
heureuse à travers un être humain qui nous
la témoigne, qui nous la résume de sa présence, et en qui nous l'aimons.

Loin de faire dépérir la vie dans son œuvre,
l'artiste dont le symbolisme est un *credo*
mental l'exaltera, puisqu'au lieu d'étudier,
comme les naturalistes, les formes vides,
les déchets, l'enveloppe des idées, il en étu-
diera précisément l'impression et l'essence
en son esprit. Car la vraie vie est celle de
l'esprit et non celle des formes, et qui
s'attache aux formes ne sort jamais d'un
cimetière. Combien le naturalisme a eu de

peine à animer ses personnages ! Malgré leurs gestes déréglés, on dirait des épouvantails agités par un grand vent. Qu'on ferme les yeux, et qu'on regarde passer en soi les visages des héros de roman de ce siècle : on verra ce que c'est que la vie intérieure, et combien se penche avec intensité la figure de Julien Sorel, tandis que s'embrume la foule pourtant criarde et bariolée des personnages de Zola.

Il se forme en notre esprit, par-delà la physionomie décrite d'un protagoniste de roman, une sorte de double visage intérieur, qui est constitué peut-être par toutes les expressions que donna à notre propre figure l'exposé des sentiments, lors de notre lecture: nous suivons inconsciemment l'être immatériel, nous le faisons surgir des feuillets, nous sommes lui-même, nous le vivons, le transmettons; c'est ce qu'on appelle l'*influence*. La physionomie du héros peinte par l'auteur ne nous intéresse plus, elle n'est pas nôtre, elle nous gêne comme un spectateur,

et nous sommes réduits à estimer la science
descriptive du romancier sans aimer l'être
qu'il se complaît à nous décrire. Estime glacée et illusoire ! Au bout de la période d'oubli,
où le livre ne nous est plus rien, où seul demeure en nous un vestige psychique, une
somme d'augmentation de sensibilité, tout
le côté d'extériorité s'annule, et le romancier
ne nous intéresse plus du tout. Son talent
nous laisse froids. C'est le moment où son
personnage passe à l'épreuve de notre symbolisation. S'il fut construit en vue de forti-
fier notre contingent d'idéation, cette partie
vivace demeure, le reste s'ennuage et s'abolit.
Le spectacle répété des orages nous laisse
une connaissance d'un aspect de la nature,
sans que nous gardions en nous le souvenir
de tel ou tel soir de cataclysme. Ainsi les
livres lus s'assimilent comme la nourriture :
un fruit mangé nous laisse une saveur, et ne
garde pas sa forme, un personnage de roman se comporte de même, le plus souvent.
Quatre ou cinq gestes nous demeurent pré-

sents à la mémoire, et c'est déjà beaucoup. Le soin essentiel est donc d'augmenter l'impressionnabilité au détriment du pittoresque : et l'étude de l'objet ne vaut que par la possibilité de cet augment. Voilà le formulaire d'un symbolisme possible : ne prendre aucun aspect de la matière en soi et en finalité, pas plus qu'un sculpteur ne prend le marbre en soi, mais pour faire allusion, à travers lui, à une figure, qui est un esprit.

Symbole, ou médiateur plastique. Je définirais ainsi. C'est par ce moyen que la métaphysique se relie à l'art, et par ce moyen seul.

Il y a un symbolisme des personnes, comme des objets. Et si toute personne et tout objet sont des possibilités de symbolisme, elles n'en sont pas, elles n'en sont jamais sans l'assentiment de notre esprit. Car nous choisissons dans les apparences ce qui peut nous être bon et salutaire ; et dès que ce choix est fait, nous donnons valeur de symbole aux choses choisies, c'est-à-dire

que nous décidons de percevoir par elles une
signification idéale. Un ami n'est que le prétexte de notre hypothèse de l'amitié, et nous
y modelons notre sentiment présent. Et parfois d'autres personnes nous prennent ainsi
comme médiateurs plastiques de leurs sentiments sans que nous en ayons connaissance ;
c'est ce qu'on appelle la solidarité spirituelle,
ou la sympathie, qui n'est pas toujours cons-
ciente. C'est elle qui fait qu'une foule d'hommes
travaillent dans le même sens.

Il y a une seconde conséquence de cette
façon de voir, touchant l'œuvre d'art. C'est
que l'artiste symboliste fait allusion, contrairement au naturaliste qui prenait les choses
en finalité et les transcrivait directement.

Il n'y a pas art sans recomposition des
phénomènes en vue d'une autre fin. Trans-
crire n'est pas un acte esthétique. La matière
prise en elle-même ne nous propose aucun
effort de recomposition, et sa transcription
n'est pas valable. C'est en la reprenant en
vue d'une fin humaine et individuelle, que

nous en déchiffrons le sens véridique. Étant donné que nul ne sait rien de la substance, le droit strict de l'artiste est de la considérer comme une valeur symbolique. De plus l'esprit seul la crée avec authenticité, car la notation des phénomènes instables est illusoire; il n'y a d'esthétique et de personnel que le choix et la synthèse, il n'y a même que cela de certain, si quelque chose est certain. Ainsi s'affirme le second effet d'une opinion symboliste: faire allusion.

L'image n'est pas l'objet, mais une conséquence intellectuelle de l'objet. Exprimer par images, c'est prendre un aspect de la substance et le modeler selon un sentiment ; juste le contraire du naturalisme, qui modèle le sentiment sur l'objet, conformément à la conception positiviste. Ce fait seul explique pourquoi le naturalisme n'a jamais produit un poète. Il est un art sans images. Or, un art sans images est un art dévié vers la sociologie ou la théorie. Le plus lyrique des écrivains de cette école, je veux dire incontestablement Zola, est un génie hyperbolique déformant les objets, en modifiant le plan suivant l'importance de l'effet qu'il en veut tirer, les grossissant ou les rapetissant, mais ne les assimilant jamais. Si l'on peut dire, il conçoit par série d'objets — tout le contraire du créateur esthétique.

J'ai dit quelques caractères du symbolisme: c'est dire ce qu'il n'est pas. En art, où il n'y a ni fiction ni allusion, il n'y a rien. Cela n'exclut pas mille qualités admirables, mais simplement leur appropriation à une œuvre. Le fait de présenter sur une scène un salon et des personnages devisant exclut l'idée de toute poésie: il y a vie, mais non pas symthétisation de la vie relativement à une finalité d'esthésie.

Le symbole n'est pas l'allégorie, ni la coïncidence, ni l'analogie, qui ne sont que des procédés littéraires, et non des valeurs métaphysiques. Tout ce qui touche à une disposition des objets en vue d'un effet, non pas intellectuel, mais conventionnel, n'est pas

un élément d'art : je veux dire que des ar-
moiries par exemple sont un groupement de
formes et de couleurs investies d'un certain
sens, et que l'ensemble de ces significations
convenues établit telle constatation héral-
dique ; mais aucune de ces significations n'est
médiatrice de la matière et de l'esprit. toutes
sont déductives, toutes sont *en dehors* de
l'intellectualité, toutes sont les signes d'un
langage courant, les emblèmes déterminés
d'un fait : nulle d'entre elles n'est du domaine de l'intuition, car l'objet y est cons-
tamment étudié en soi. Voilà la différence
de l'allégorie et du symbole — de l'image
chez Zola et chez Edgar Poe par exemple.

Un naturaliste écrira : « Ses souvenirs
étaient comme des fleurs fanées. » Un symboliste dira : « Les fleurs de son souvenir se
fanaient. » Voilà la comparaison et l'allusion. L'un prend la matière intacte et la juxtapose à un sentiment : l'autre transpose le
sentiment en un médiateur plastique, qui
n'intervient que pour lui prêter symboli-

quement sa forme. Il établit ainsi une harmonie entre le sujet et l'objet — expression même de l'esthétique.

Ainsi l'allégorie, l'analogie, la comparaison et la coïncidence, étant des procédés d'extériorisation, des déductivités, ne peuvent être confondues avec le symbole, qui est essentiellement un prodrome d'intuitivisme. Il s'agit donc d'une dissemblance métaphysique, d'un mode de spéculation, d'une conception idéaliste lorsqu'on parle de symbolisme — et aucunement d'un moyen de réalisation esthétique. C'est pourquoi il est inexact de déclarer que toute œuvre remarquable est symboliste, et il y a là autant d'erreur qu'à dire que tout système philosophique de réelle valeur est idéaliste. Cela n'a aucun sens. Le débat est porté devant les analystes et les synthétistes, devant Comte et Schelling si l'on veut — et nullement devant des hommes de lettres. Comme une croyance philosophique précisée influe toujours sur un écrivain, il est clair que le symbolisme le conduira à une préférence des significations sur les formes, et sa façon de voir se rapprochera des quelques points que j'ai indiqués précédemment : mais il n'y aura aucunement procédé direct, application immédiate. Le symbolisme influera sur le choix des composantes dans la même mesure qu'un système néokantien ou comtiste, — rien de plus.

On a pourtant attribué à cette expression une quantité de sens étranges. Il n'y a peut-être pas de terme plus galvaudé avec ceux de mysticisme et d'idéalisme.] Beaucoup de gens se bornent pour l'un aux écrits du P. Didon ou de Papus, et pour l'autre aux romans de Feuillet, par opposition au réalisme « qui emploie des expressions basses ». Les hasards de la tentative littéraire ayant amené en ces dernières années l'usage fréquent du mot symbolisme, on a appliqué cette désignation à tout écrivain de sensibilité, procédant par suggestion indirecte. On l'a même ajusté à l'art de Verlaine, un des génies français les plus résolument concrets, à cet adorable et merveilleux Laforgue, fantaisiste d'ironie, à une foule de gens... Et avec quelle acception singulière d'obscurité, d'ellipse, de transposition, d'élision !

Il était cependant simple d'ouvrir un volume de Fichte pour y constater que la distinction du phénomène et du sujet avec médiation de l'objet n'est point un procédé littéraire, et n'est même pas une des compositions les plus abstruses de la philosophie contemporaine, car elle ramène aisément à la synthèse, et est certainement moins compliquée que l'animisme ou une théorie de mathématique intellectuelle de M. Poincaré, pour citer un maître...

Mais on a tout négligé, jusqu'à créer un symbolisme de la peinture, mêlé de constitution scientifique du ton d'après M. Charles Henry — et on a amalgamé tout cela sous une même dénomination, qui a fini nécessairement par devenir incompréhensible. On appelle aujourd'hui symboliste un peintre qui déforme les contours pour accentuer ou atténuer les expressivités, et on donne le même nom à des primitifs comme Memlinck, qui ne déformait jamais. J'aimerais vraiment mieux qu'on avouât tout de suite que « symboliste » signifie un artiste de moins de trente ans, n'étant pas au goût du jour — et c'est en effet tout ce qu'on veut confier à cette expression gaspillée.

Étrange confusion des termes et des valeurs ! Une des influences les plus décisives de l'intellectualité germanique sur notre art contemporain, à savoir le dédoublement de la plasticité en idéation et possibilité émotive, s'est ainsi mélangée de cent erreurs, et ne nous pénètre avec lenteur qu'à cette seule condition, tant la coordination des idées et leur estimation sont devenues vicieuses.

Il y a pourtant une longue série d'hypothèses et d'œuvres riches à édifier sur cette proposition hégélienne. Je voudrais insister sur son caractère de simplicité. Elle tend, si l'on y prend garde, à une identification des fins de l'art et de la science en un argument métaphysique, ce que j'indiquais précédemment dans une introduction à la psychologie du Mystère. Elle concilie la méthode synthétique et la méthode analytique. Une vue du temps à venir sera peut-être de réconcilier ces deux ennemies : on concevra un art de la science et une science de l'art, ou pour mieux dire une fusion en Recherche de la Cause, annulant ainsi le vain problème de l'art pour l'art, qui n'est qu'un malentendu. On admettra l'utilité d'un poème au même degré que celle d'une découverte chimique, en donnant à l'utilité une valeur hypothétique et future, alors que présentement on ne la conçoit que viagère et d'effet instantané. Il faudra évidemment que la Science se sépare en deux efforts, l'un industriel, l'autre spéculatif — au fond parfaitement conciliables. L'art n'aura nulle modification à subir, puisqu'il n'a jamais signifié que des augments de sensibilité, qu'on n'en retient que cela, et qu'on ne lui demandera que cela seulement. L'étude de l'objet en soi trouvera dans l'idéation esthétique son complément, qui est l'étude des notions des objets : et le symbolisme comportera tout ensemble la connaissance des formes et celle des valeurs sensibles qu'elles représentent. A ce point d'évolution l'art et la science ne songeront plus à se quereller, mais agiront de concert pour l'élucidation de la nature, et le métaphysicien accueillera leurs résultats avec une égale aisance, travaillant à les réduire à une équation simple. Le degré de la morale s'élèvera selon les phases de cette équation ; car la morale est essentiellement dans la manifestation de l'individu, et cette manifestation s'ordonnera en harmonie selon l'amélioration de la synthèse. Ainsi l'écriture du monde aura trouvé dans l'art un déterminateur de sa morphologie et de la musique de ses vocables, la science en aura fixé la syntaxe et l'orthographe (car les apparentes fautes de la nature sont l'effet de notre inconnaissance de son orthographe) et la métaphysique aura lu à haute voix le sens de ce qui était écrit.

Ce sens sera une des nouvelles formes de l'illusion du temps. Car l'explication de ce qui existe varie perpétuellement, et Dieu n'est pas un point fixe, mais la finalité de la recherche est en elle-même.

C'est de la sorte que l'humanité cueillera peut-être un nouveau fruit d'hypothèse à l'arbre de la connaissance. Et la morale de cette époque se conformera à la conception actuelle des lois cosmiques, et au sens de ce qui aura été lu sur l'explication de Dieu : car la morale est toujours en conformité avec la conception momentanée de la cause finale.

*
* *

On pourrait m'objecter que cette préoccupation du symbolisme enlève peut-être à l'œuvre d'art future la fantaisie et la spontanéité, en faisant prédominer le souci d'une composition métaphysique, et mille inquiétudes de complexité et d'organisation. Je pourrais répondre qu'il n'y a jamais eu moins de spontanéité que dans le mouvement littéraire naturaliste, qui demeure une laborieuse étude de cadavres. Mais est-il nécessaire d'expliquer combien au contraire l'habitude de considérer sous les objets des liens de signification et des concordances tient l'esprit en éveil et l'incite à une curiosité de l'expression ? L'art symboliste est présentement dans une phase poétique, et il est facile de voir quelle transparence et quelle mélodie intérieure ont acquises au vers les récentes œuvres de quelques écrivains. C'est précisément parce que le symbolisme n'est pas applicable en tant que système, mais n'arrive à l'esthétique que par influence sur la disposition de l'esprit, qu'il ne peut entraîner aucun alourdissement du style et de la composition, tout au rebours de la psychologie expérimentale qui s'applique *a priori* sur les créations littéraires d'un Bourget ou d'un Zola, en fait des *livres à thèses*, c'est-à-dire anti-esthétiques. Ces œuvres dévoilent une foule de qualités impressionnantes, encore que par procédés, mais elles sont en dehors de l'art.

Le style se ressent d'une vision symbolique, précisément par la nécessité de faire pressentir les correspondances intérieures des phénomènes dont il est écrit. Toutes les qualités de souplesse, de translucidité, de suggestion, toutes les ressources d'harmonie verbale deviennent désirables, alors qu'elles n'étaient que nuisibles dans l'étude déterminée d'un fait en soi. Surtout s'impose le développement du sens musical des termes, d'un passage à un autre : et c'est ainsi que les écrivains récemment appliqués à cette vision symbolique devaient commencer par la recherche d'une forme poétique, puisque le vers, capitalement, détient l'harmonie verbale, non plus délibérément comme la prose, mais en nécessité constituante. Un des mérites les plus grands de M. Mallarmé aura été, parmi tant d'autres, de comprendre parfaitement cette orientation du style, et d'en avoir parachevé de surprenants exemples.

Toute spontanéité, toute fiction, tout sentiment... L'art symboliste va vers cela en allant vers la musicalité, qui est le domaine du sensible.

*
* *

Je borne aux notes précédentes le commentaire métaphysique du symbolisme, et je veux seulement toucher à la littérature. Il peut bien exister, corollairement à cette fusion dont j'esquissai la possibilité, une œuvre d'art intermédiaire de la science, et dont le roman scientifique tenté avec un talent considérable par M. J.-H. Rosny est une ébauche non négligeable. Mais sa condition première sera de synthétiser le progrès analytique récemment acquis, de transposer la découverte du savant en renonçant absolument à rappeler, fût-ce pour mémoire, les circonstances et les expériences techniques, car cela créerait double emploi, confusion des recherches et inharmonie. Cette transposition de l'acquit expérimental en acquit sensitif, M. Rosny l'a encore imparfaitement opérée dans sa belle *Légende sceptique*, un des écrits saisissants de ce rare auteur [1] : M. Zola n'y a même pas songé dans toute la niaise théorie d'hérédité que termine *Le Docteur Pascal*, et qui gâte avec lourdeur son génie de peintre de fresques. Comprend-on d'un mot ce que je veux dire ? Que l'on songe à ce qu'a réalisé Edgar Poe avec le magnétisme et les maladies de la personnalité... Celui-là a prévu merveilleusement les rapports d'une science et d'un art, et, comme en se jouant, il en a donné de parfaits témoignages. Et il faut citer encore Villiers de l'Isle-Adam, pourtant animé d'ironie et d'un catholique refus de conciliation contre le fantôme de la foi.

*
* *

On découvrira aisément dans ce que je viens d'exposer la croyance que les termes idéalisme et réalisme sont de non-valeur

[1] J'oubliais *les Xipéhuz*, cet extraordinaire conte préhistorique, si puissant et beau.

esthétique, et purement de philosophie. Au lieu qu'en Fichte je puise la proposition d'une qualification plus évidente du symbolisme, à savoir *idéoréolisme* — non que je tienne aux formules et aux dénominations, mais celle-ci a le mérite de contenir tout ensemble le sujet et l'objet, et d'en rappeler le constant rapport.

L'idéoréalisme est la formule d'art de l'idéalisme, qui ne saurait créer un art, mais un mode de la conscience et un ascétisme individuel. Idéoréalisme s'occupant de la perception des idées confiées à un médiateur plastique (Gœthe, Poe, Mallarmé), idéalisme considérant les idées en soi (Plotin, Hegel, Schelling), l'un complète et justifie l'autre. Et peut-être le souvenir de cette différenciation éluciderait bien des controverses contemporaines, où l'on confond la valeur des termes avec une insouciance qui ne fut peut-être jamais poussée aussi loin, bien que l'intellectualité française n'ait à aucune époque montré un grand discernement dans l'usage des formulaires.

*
* *

Disons simplement que le symbolisme, par son échange continuel de concordances, transpose dans l'art plus de sensibilité : et une finalité métaphysique, lorsque l'esprit s'y est résolu profondément, amène toujours ce résultat, car une hypothèse métaphysique est forcément, par le fait même de son exclusion de l'analyse, un effort de concentration du sensible.

Ce goût du double sens du phénomène et de l'objet, dont on mène grand bruit et qu'on accuse si violemment d'obscurité, on le retrouverait sans peine, si la critique n'était présentement ravalée à la chronique la plus illettrée et sans hommes de valeur ou presque — dans les désirs de tous les artistes de tous les temps, et principalement dans les primitifs d'Italie et d'Allemagne, que l'on connaît si mal. Ce goût, tous les artistes l'ont eu : faire une œuvre qui signifie quelque chose en dehors d'elle-même, c'est tout simplement la conséquence de la distinction du phénomène et de l'objet. Quand Rosa s'amusait à retrouver des mêlées furieuses et des têtes héroïques dans les moisissures des vieilles murailles, il transposait inconsciemment un aspect dans une allusion à d'autres aspects — symbolisme naturel : et il n'y a peut-être pas un peintre qui journellement n'exprime la même intention de dédoublement. Écoutez-les s'entretenir de motifs décoratifs par exemple. Et cet art de la décoration n'est-il pas une évocation de motifs par des représentations de motifs d'un autre ordre, essentiellement, et où découvrir, sinon là, le principe même de l'arabesque? C'est encore une conséquence du symbolisme qu'un art ornemental...

Au reste, je répugnerais à sembler m'efforcer présentement à une réfutation du naturalisme, qui n'a jamais existé, à côté d'un homme puissant comme Zola, que par l'imitation de scribes médiocres et le concert de journalistes enclins à tout étiqueter en vue de cataloguer des sujets d'articles. Il n'y a que des tempéraments, et celui de l'auteur de cette prodigieuse *Nana* mérite tous les honneurs de la controverse — marque d'estime si j'accuse en ces fragments des griefs littéraires hors lesquels, bellement, il demeure. Non purement comme écrivain, ni théoricien, ni psychologue, en tout cela défectueux, mais par cet amalgame de tentatives imparfaites robuste nature et passionnante au blâme et à l'éloge, vestige de force et d'instinct, valeur de puissance, sans plus préciser. Et le rôle est assez beau, encore qu'il s'obstine un peu puérilement à ne s'en point satisfaire, mais contraindre le phénomène indéniable de son génie à des obligations d'homme de lettres qui lui demeurent peu seyantes : erreur peut-être du caractère, de qui seul il est responsable, non pas son talent. Je n'étaye point une théorie sur l'effondrement d'une autre, je renoue, à l'examen, des liens spirituels entre époques d'art, liens indissolubles — simplement. Et m'en tenant à cela je désire tout uniment montrer qu'il n'y a point, du fait d'une recrudescence du symbolisme, « manifeste d'une nouvelle école, » mais revendication de privilèges un peu oubliés, recours à une instinctivité de tout temps naturelle aux artistes, et présentement égarée par une ingérence mal dosée d'éléments scientifiques. Mal dosée, sans plus — et non repoussée en elle-même par les intellectuels véritables, desquels un des maîtres est encore Léonard de Vinci, illustre en les mathématiques, aussi Michel-Ange le géomètre, et d'autres à l'esprit altier, calmes annonciateurs de cette fusion dont j'ai parlé plus haut.

Élevons donc sur un piédestal le lumineux fantôme de cette belle réconciliation future, et contemplons le pays et la destinée où seront oubliées les controverses et les catégories, où l'effort humain ne se scindera plus en deux gestes ennemis, mais agira, réalisera, connaîtra par une semblable inspiration ; où la connaissance ne sera plus délimitée ; où la nature apparaîtra indéfinie en son paysage ; où l'esprit se recueillera en sa force, où la métaphysique ne sera plus un système, mais une qualité du sensible, un amour plus grand, une respiration aisée de la vie. Car le sensible, l'amour et le penchant spirituel de la vie sont compatibles avec la sagesse universelle, car il n'y a pas deux harmonies, mais un juste et désirable critère, où nous concilions nos pèlerinages, et debout dans les polymorphies de la substance, seul et immémorialement — ostentera son geste amical le Rythme, qui n'est pas le cours des fleuves, ni le vol des oiseaux ou des nues, ni le balancement d'un vers, ni le linéament d'un horizon, mais uniment tout cela ensemble, et une Idée.

COMMENTAIRE SUR LA POÉSIE

COMMENTAIRE SUR LA POÉSIE

Contre le temps — et dans une opportunité semblable à celle de l'ombre à midi, et non à celle des négoces ou du grondement des machines, et par quelque message en vérité signifié par la nature et primordial, le poète renoue une affinité ancienne.

Utile comme une croix ou un signe, le poète se tient prêt pour sentir et enseigner à sentir. J'entends qu'il est utile comme une pierre milliaire. Il fait allusion perpétuellement, il guide, détermine, absout, prouve à elle-même la conscience humaine. Car l'action n'agit pas sur elle-même, et ne se retourne jamais : seulement dans la troupe des pèlerins il doit être un homme qui regarde s'allonger derrière elle les grandes ombres du présent : car il est le seul qui connaisse le présent, qui est le sens direct de Dieu. Si l'action jaillit du passé à l'avenir, la sensibilité s'épanouit du présent, et elle seule connaît le stable et ce qui permane.

Que peut être la jante de la roue, et que peuvent signifier les rayons, sans le pivot et l'essieu ? Ainsi l'homme que l'instinct décréta poète s'érige comme la base de l'aiguille, comme l'attache du rayon à l'essieu. Et il est plus près du présent que les autres hommes : sur la hauteur il regarde le paysage, et toutes les parties composantes du paysage ne savent pas comment elles sont disposées relativement les unes aux autres, et lui recompose cette orientation — et ainsi je prétends qu'il est utile.

On ne fait la preuve du passé et de l'avenir qu'en exprimant le présent : mais il faut pour cela tendre à être le présent lui-même. C'est pourquoi le poète est une parcelle du présent, et il n'y a qu'un poète, fragmenté en

diverses apparences humaines et transitoires.
Ainsi le chant de l'orchestre exprime le présent de l'orchestre, dont tout instrument
relate le passé et l'avenir ; car nous n'entendons le son qu'après le geste, et réciproquement nous le prévoyons par le geste. Le
poète est le chantre de la simultanéité.

Cette licence rare, de résumer les phénomènes et d'en dégager l'essentielle opportunité, il la possède. Aussi est-il moralement
le seul conducteur. Il suit de là que personne
— ou quelques solitaires esprits — ne conçoit son immédiate nécessité, car il est plusieurs degrés dans la conception des utilités.
Et les unes regardent en elles-mêmes et s'im-
mobilisent, et les autres regardent au loin et
étendent les mains vers des choses invisibles.
L'instinct de chacun est de se rebeller contre
la mainmise d'une morale supérieure, et
ainsi tout applaudissement de la foule à l'ora-
teur se mêle de la haine de ceux qui écoutent
contre celui qui parle, et dit les choses qu'ils
eussent dû avoir le génie de dire. Mais il y a

malentendu éternel. Car ceux-là se croient opprimés par un esprit plus hautain, et s'irritent d'en prévoir la domination. Mais en vérité le poète n'impose jamais une pensée : il s'abstrait de lui-même et se contente de formuler la pensée éternelle, qui est le sentiment du stable.

Il ne fait rien prédominer, mais restitue seulement ce qui est au fond de tous, cueille cette fleur secrète, et l'offre à la foule. Le malencontreux est qu'on ne croie point qu'il n'est qu'une voix, et qu'on ajoute assez de foi à la forme humaine qui l'enclôt pour lui prêter le désir d'asservissement d'un monarque spirituel. Mais il sait bien que tous les instincts s'équivalent comme des instruments, étant du même degré de nécessité dans l'harmonie totale : et il ne veut rien asservir, mais au contraire délivrer le sentiment de chacun, que la nécessité journalière refoule sous l'action de tout moment. Ainsi il ornemente son bonheur. Mais la foule ignorant ces secrets se défend contre lui par l'indifférence — moderne forme de la colère : absurde comme un homme qui haïrait un violon d'avoir créé un chant sous ses doigts ! Car ne faut-il point dire encore que le poète n'existe que sous les doigts des autres hommes, puisqu'il totalise le mystère dont chacun crée une parcelle ?

Un poète n'est pas un homme éloquent, ni un législateur, ni quelque autre porte-parole, mais simplement un intermédiaire entre l'humanité et l'individu. Il s'attribue la tâche de vivre conformément au pathétique, et de nous en révéler le plus possible. Le poète formule à l'homme le désir de sa race par le moyen de la langue. Il est un conseilleur d'orientations.

Je trouve étrange qu'alors que personne ne s'étonne de voir préposer des pilotes à la direction des navires, nul ne sente l'impérieuse et noble nécessité de confier une direction des instincts à des êtres désignés. Hors des politiques, un rôle de gouverneur ou de président est à remplir. A bord, le capitaine régit d'autres choses que le pilote. Dans l'État, certains réglementent l'effet conventionnel des événements ; mais nul n'influence la conduite des sentiments. Les poètes sont pourtant les détenteurs de la plus-value des forces magnétiques d'une race, et les seuls hommes à posséder la puissance continuellement recélée en le silence. Je les vois comme des hiérophantes de l'instinct ; non qu'ils en puissent sans crime conseiller la naissance, mais en guider l'expansion. Ils sont en effet les seuls à connaître, ainsi que je l'ai dit, le présent, la simultanéité, c'est-à-dire tout ensemble le passé et l'avenir, car pour nous tous le présent n'existe qu'au degré et en fonction du futur et du souvenir. Et ils connaissent ce rapport au-dessus de nous, et ils en formulent des pressentiments lumineux ou voilés suivant la virilité de leur génie.

*
* *

Je trouve singulier le reproche qu'on fait

parfois à des poètes de manquer de pensée.
Qu'est-ce que cela peut bien être que la pensée ? On nous tue avec ce mot, et il me paraît
ne rien signifier, ou quelques gros amas de
considérations banales.

Qu'est une idée, pour un poète, sinon une
image ? Trouver une image, c'est saisir une
relation et en donner un signe, c'est-à-dire
constater une idéation. Plus un poète invente
d'images, plus il établit de relations, — c'est
tout ce que je vois sous le terme idée, et c'est
tout ce qu'on peut lui demander. Les littérateurs, race de gens qui disent : N'est-ce pas ?
devraient bien ne pas tant s'embarrasser de
gloses sur ce qui est pensée : y a-t-il émotion ?
Tout est là et tout y revient.

*
* *

Un poète doit vivre matériellement de son
rêve, sans abdiquer, sans amoindrir, sans
consentir, en conservant l'attitude et l'ordre.
Ou sa vision est véridique, et alors la seule

preuve, et la plus éclatante qu'il puisse en donner, est d'en vivre : ou elle est fausse et illusoire, et il n'est plus qu'une piteuse dupe de lui-même.

Il n'y a consécration à une cause qu'autant qu'elle ordonne qu'on vive : je crois qu'on ne saurait s'élever assez contre l'esprit de sacrifice, qui est d'une sottise et d'une immoralité infinie. Le martyre et l'apostolat sont des non-valeurs. *Le rêve est une victoire sur la mort, et en aucun cas il ne permet la soumission à la mort, surtout en son nom, et soi-disant pour sa glorification.*

Quand un homme a rencontré dans sa vie, par un extraordinaire bonheur, une cause, — et j'entends par là une façon de tourbillon de génie, dont la clarté roule des mondes, — il est clair que cet homme est revêtu d'une force qui engendre en ses manifestations de quoi le soutenir matériellement, et nourrir le prête: qu'il est de la manifester. Le monde, pour un prédestiné, tient dans une gageure : il s'adresse au vide et il dit : Je soutiens que ceci est vrai, et je suis l'enjeu: j'en vivrai. Faisons la preuve. — Il se joue lui-même, et si la cause n'était pas un abominable aveuglement de sa vanité, il sort souriant de l'issue du jeu avec l'ombre, et il prouve que la cause était exacte, puisqu'il s'est joué sur elle, et qu'il vit. S'il succombe, c'est qu'il s'était trompé, et il ne mérite aucune pitié, pour avoir eu l'orgueil inouï de se lever comme un héraut, alors qu'il n'avait à exhiber qu'un sophisme. Un martyr tue sa foi avec lui-même.

Admirable symbole de Siegfried avec le dragon ! C'est là que Wagner, avec une force incroyable, donne la formule nette et triomphante de l'intellectuel...

Il y a entre l'homme qui se dévoue à une notion, et cette notion, un contrat : étant véritable et harmonieuse, la notion soutient l'homme en vérité et en harmonie, c'est-à-dire ne permet pas qu'il meure. Un génie incompris est un génie qui n'a pas voulu. Un martyr mourant pour sa cause fait des

prosélytes, dites-vous ? Mais des prosélytes
du néant ! Que serait-ce s'il vivait ? Quelle
démonstration terrible et lumineuse !

*
* *

Dire une vérité merveilleuse au cours d'une
période, négligemment, comme un agrément
de style, avec l'air que ce soit tout naturel :
et en effet, elle entre brusquement dans l'esprit du lecteur comme une chose naturelle,
et du coup il l'assimile. Si on disait les choses
les plus compliquées avec un ton enjoué,
comme le vrai apparaîtrait simple ! Mais
on prépare : je vais dire des paroles téné-
breuses, et toucher à un point très caché...
L'auditeur descend aussitôt au fond de son
propre mystère, et tout ce qui, depuis sa première enfance, lui est resté obscur, remonte
aussitôt, et il mêle cela avec ce qu'on lui
explique, et il ne comprend rien.

Dire une vérité en s'amusant. L'homme
qui dit une vérité ne doit pas en être étonné.

On ne sait jamais qu'on va dire une vérité, car on l'aurait déjà dite, ou alors on ne la rencontrera jamais : on dit une de ses psychés intérieures, et cela se trouve être un criterium de tous les autres esprits, parce qu'il fallait que cela se trouvât quelque part. La vérité n'est qu'un aspect du simple : il faut la dire comme une chose toute naturelle, en passant, comme on pose un ton juste dans un tableau. C'est l'éloquence qui affirme et se démène, parce qu'elle fait allusion à des intérêts matériels et immédiats ; mais les intérêts d'une vérité simple demandent une énonciation paisible. C'est là que le poète doit être semblable au mathématicien, qui modifie l'ellipse d'une planète avec un chiffre, et écrit silencieusement l'équation, les quelques signes noirs sur un feuillet, qui annoncent la nouvelle destinée d'un monde. C'est là que le mot sérénité a un sens : oui, prendre conseil du soir et ne pas parler plus haut qu'on n'a coutume de le faire, alors que le soleil accomplit l'acte simple de mourir...

D'ailleurs, il est impossible qu'un véritable poète dise une vérité autrement qu'avec naturel, car elle ne lui offre rien d'étrange, elle est une condition de son esprit, il ne s'en aperçoit pas plus que de ses autres manifestations. C'est pour autrui qu'elle est surprenante.

*
* *

L'Art est une reconnaissance. J'entends que les poètes ne se rencontrent jamais : ils se retrouvent.

Nous sommes liés aux artistes morts par des liens extraordinaires et naturels, comme une parallèle à sa parallèle. Nous avons notre langage dans le silence, et des systèmes de signes et de tacts connus de nous seuls ; la distance s'abolit pour nous, et le temps. Un nom prononcé, et la minute d'entrevue première rejaillit de cent ans vers les sources initiales de la destinée : nous nous sommes connus depuis toujours. Les noms de créateurs sur lesquels nous nous accordons sont des repères idéographiques, et nous nous hâtons d'y recourir. Nous débutons par nous consulter sur nos sympathies, avec l'attitude d'attendre si celui à qui nous parlons *est conforme et sait :* et alors nous nous en allons ensemble vers des intérêts si surhumains, que nous dédaignons de nous étonner d'une si rapide juxtaposition de nos personnalités sociales. Vraiment nous nous rangeons aux lois naturelles, et cela même me convainc que nous n'avons jamais été qu'un seul être. Quand deux artistes se serrent la main, c'est comme si *celui-là* joignait sa main droite à sa main gauche pour prier. Ce sont vraiment des fraternités idéales et indissolubles.

Littérature, maladie triste. On a l'art comme on a la fièvre chronique. Cela ne concède nul droit, nulle revendication, nul mérite : c'est un état dont on souffre, et voilà tout. C'est une façon de gésine ; cela cause de la douleur, ou de la joie si l'on veut, suivant le versant d'ombre ou de lumière des événements. Cela ne regarde évidemment personne que nous-mêmes, car nous sommes chez nous partout, et nous venons à l'heure convenable, à toutes les heures. Notre luxe est de comprendre certaines choses — et nous ne demandons rien d'autre avec équité.

« Marchant dans notre forme de chair, nous ne combattons point selon la chair. » Voilà où se reconnaître et s'estimer. Admirable Nietzsche, qui écrivit que l'âme supérieure ne doit point regarder en haut, mais en face d'elle et en dessous, ayant conscience qu'elle est elle-même en haut ! Là est la règle de notre ordre.

Nous sommes les frères d'une certaine écriture du monde.

*
* *

Le sens extérieur des mots dans un poème, ce qui est écrit, c'est pour le lecteur ; mais ce qu'il y a dans les interlignes et les inter-strophes, c'est une portée de musique idéale où se note le chant du poète — et c'est exclusivement pour le poète. C'est ainsi qu'un beau poème est une symphonie avec chœurs dont le lecteur tient le livret : il le suit des yeux, et cela lui donne une signification selon l'effet de toute lecture. Mais c'est seulement s'il songe à *écouter* en lisant qu'il a la joie de la musicalité, qu'il renoue le sens caché des harmonies verbales.

La *Bénédiction* de Baudelaire, le début du *Guignon* et l'*Hérodiade* de Mallarmé, le *Bateau Ivre* de Rimbaud, voilà des chefs-d'œuvre de symphonie sous-jacente, où la musique modèle le sens écrit avec une similitude continuelle et introublée. Si un poète dit : l'*Apparition*, cela chante comme l'andante de la *Sonate du Clair de lune* de Beethoven — les *Phares*, c'est l'harmonie d'un finale de Hœndel, — ou encore les *Ariettes oubliées* de Verlaine, c'est l'album d'*Historiettes* de Schumann, cela n'est pas une suite de rapprochements fantaisistes, ou de comparaisons de sentiment, mais une vérité théorique

aussi précisément énoncée que celle-ci :
Manet construit ses figures comme Frans
Hals. Cela est à vérifier dans le même ordre
de technie. Cela relève aussi nettement de
l'étude des procédés et de la facture. Seulement la plupart ne croient à la musique
qu'en présence de signes matériels, clés,
portées, notes, etc. Et l'on confond la poésie
avec une foule d'arts de la parole, avec l'éloquence, la narration historique ; on ne tient
pas compte de la valeur des mots. Une des
règles les plus simples — car elles sont d'intuition, par suite lumineuses ou éternellement
incompréhensibles — dans la prosodie,
n'est-ce pas de prononcer dans le vers toutes
les syllabes, en attribuant à chacune la juste
valeur de son auquel elle a droit ? Or, très
peu lisent le vers autrement qu'une chronique, et particulièrement en français éli-
minent toutes les syllabes muettes. La syllabe muette étant une des fortes ressources
harmoniques, par sa propriété d'allègement
et de contre-exaltation de la consonne qui la

suit, un vers où se trouvent deux muettes devient, prononcé selon la détestable habitude du parler courant, un vers de dix pieds boiteux et infirme. Voilà un exemple entre mille. Et d'ailleurs, ne suffit-il pas de rappeler que les cours officiels de déclamation enseignent encore que le vers dramatique doit être *parlé* et *césuré* à la façon classique du XVIIe siècle? C'est par une telle éducation que le beau vers pâle et chantant de Racine fait l'effet d'une prose décolorée à la scène, tandis que précisément sa grande pureté de style s'appuie, à l'étudier soigneusement, sur la musicalité des muettes...

> Ariane, ma sœur, de quel amour blessée
> Vous mourûtes aux bords où vous fûtes laissée !

Que devient la haute, songeuse et triste harmonie de ces deux vers de *Phèdre*, à la Comédie-Française ?

Pour un poète, le vers donne toujours un dessin graphique : et dans le second je puis dire que ces deux *û* sont, dans leur sonorité prolongée et douloureuse, deux *sommets* d'où descendent et où remontent ces syllabes fuyantes *aux bords où vous* (deux sons sourds et deux plus pleins préparant le retour du son plus aigu *û*), jusqu'à l'essoufflement chuchotant de *laissée*, avec sa traînante syllabe *lais* et l'*e* muet final.

Et le geste scandant le vers remonte instinctivement et redescend entre ces deux points... Voilà des soucis que presque tout le monde incrimine de préciosité, et qui sont purement des nécessités de style musical de la poésie : et si ces *sons* n'existaient pas tels qu'ils se présentent, le vers ne serait pas selon le sentiment que les *mots* veulent exprimer, car il faut bien affirmer que le son du mot influe sur son sens primordialement, puisqu'on oublie délibérément qu'un mot est *chanté* avant d'être écrit, et obéit à la syntaxe de la voix autant qu'à celle de la grammaire.

Tout cela est affaire de tact : et lorsque ces questions ont été traitées avec insistance

ces dernières années, et que des énergumènes
ont voulu établir des relativités *invariables*
de sons, de couleurs, de parfums — c'est-à-
dire réglementer la sensation, lui enlevant
tout son intérêt d'art, absurdement, par ce
fait même, on a mieux aimé s'attarder à la
facile réfutation d'une théoric nulle et puérile que démêler ce qu'il y avait d'équitable dans la recherche musicale de l'expression, qui est une chose très sérieuse, et une
tradition de toutes les poésies. Il était trop
aisé de voir que le célèbre sonnet des
Voyelles de Rimbaud n'était ni une théorie
ni une plaisanterie, mais la notation d'une
impression momentanée, aussi sincère qu'exclusive de tout dogmatisme — et qu'ainsi les
inventeurs de l'*i* couleur d'orange, parfumé
à l'héliotrope et correspondant à la flûte
étaient des innocents. Mais les quelques critiques aventurés en ces questions préférèrent
n'écrire que de ces gens, avec tout l'esprit
du journalisme, au lieu d'étudier exactement
les lois de la poétique française, qui sont

fort mal connues et au nom desquelles on condamne au hasard des intentions que Racine par exemple manifeste dans tout son théâtre.

On ne réglemente pas une sensation, la première condition de la poésie est la spontanéité et la faculté de choix des rythmes et des harmonies : ainsi la vision que Rimbaud fixa en un sonnet était absolument personnelle, nous l'avons tous eue plus ou moins, suivant l'acuité de notre sensibilité, et elle touche à un domaine d'analogies qui sont indéniables, et dont le critère gît seulement dans l'individu. Mais les moyens du vers sont multipliés et compliqués, et s'il est fou de les grammaticiser, il est prudent d'en constater les innombrables modalités. Un vers est le résultat de beaucoup plus d'intuition qu'on ne peut se l'imaginer : et le merveilleux est que toute sa science orchestrale soit complètement subordonnée au sentiment, et qu'ainsi on ne la puisse soupçonner qu'autant que l'on commence à sentir — s'élevant par degrés à la compréhension esthétique d'un art dont les moyens, au lieu d'aider à concevoir leur raison d'être, se découvrent seulement lorsqu'on l'a sentie vivre en les profondeurs de sa conscience.

*
* *

Tout poète crée son rythme, même dans les formes préconçues : le poids des mots n'est pas fixe, mais variable, aussi l'insistance de leur prononciation, aussi leur place dans la phrase, aussi leur aspect : ainsi je dis que tout vers est libre, en dehors du mouvement secret du cœur. Il n'y a pas plus de canon pour la parole que pour la durée d'une amplitude respiratoire — et le vers est le réflexe du mouvement du sang.

Je ne m'explique pas les « lois de la versification », non plus l'expression « vers régulier », n'ayant jamais considéré de quelle régularité il pouvait être question en art poétique, alors que la plastique s'y révèle immatérielle et purement imaginative, partant libérée de toute adéquation représentative à laquelle la statuaire, par exemple, se doit résigner. Il me paraît que le vers est plus près de la sensibilité que la prose, plus obéissant au Δαίμων, et que les lois naturelles peuvent seules, pareillement à son auteur, lui convenir. Si je disais que ce m'apparaît presque sacrilège, cette réglementation arbitraire d'un de nos mystères ? Et je le dis aisément, outre un ridicule que je ne saurais céler, à voir la dérisoire mainmise des pédants sur la frêlerie idéale du chant, et leur essoufflement après le vol ennuagé du sylphe.

Chacun survient avec une mousseline particulière, un Zaimph individuel, un jeu inconnu, et les classifications et les comparaisons des critiques ne valent, sinon quant à l'établissement d'une histoire littéraire par fiches et catalogues. Et qu'est l'histoire d'un art, sinon la juxtaposition de phénomènes isolés ? Je songe à une phrase de James Whistler : « Le maître demeure hors de toute relation avec le moment où il se hasarde — un monument de solitude qui induit à la tristesse. » Il est inconcevable qu'on réglemente une poésie, par contradiction même de ces termes. Et je ne sais que dire là-dessus, et sur mes propres essais, sinon qu'on ne travaille pas comme les dentellières sur des canevas imprimés, mais selon chacun son libre jeu et conformément à son entraînement intérieur, chacun en autonomie et d'après sa fantaisie présente. Il faut avoir la rhétorique glacée, le goût du pastiche d'un Leconte de Lisle pour penser autrement et pouvoir écrire son rêve, s'il existe, avec de telles soumissions à la vieille férule traditionnelle. Assez longtemps on a négligé de comprendre que toute tradition se manifeste en une série d'hypothèses, et non en une coction écœurante de recommencements. Et ce n'est pas dans une époque où l'on voit les théâtres subventionnés consacrer cent fois plus de temps et de ressources à des morts comme Molière qu'aux vivants, qu'il faut encore tolérer cet asservissement pour le vers. Le vers ! cet élément, cette force de la nature, ce cri anarchique de toute sensibilité !

Il y a le vers libre, ou rien. Il n'y a pas un vers *régulier*, comme un soldat en uniforme et un autre vers de guerilla, un autre vers de barricade contre l'Institut et le Parnasse-Lemerre. Il y a l'expansion, l'instinctivité et la nécessité de soi, — ou l'art devient l'introducteur de la foule des médiocrités, une façon de gendarmerie, de bureaucratie et de parlotte, où l'on apprend à pérorer en douze syllabes — indigne parodie d'un de nos plus admirables fantômes, négation d'une des forces révélatrices de Dieu, la spontanéité.

Que si, prosodiquement, l'on établit une *question du vers libre*, avec approbation ou contestation, je n'en veux dire que quelques mots.

Il me paraît bon qu'à côté de l'alexandrin classique français, forme auguste et permanente à travers des siècles et pour cela digne de demeurer vénérable, à côté de ces grandes orgues auxquelles il faudra toujours recourir aux moments solennels, un autre vers de contexture différente s'apprête à la notation fugace et polymorphe de nos émotions. Nous sommes venus à porter intérêt non plus seulement à l'énonciation définitive d'un senti- ment, ce qui est la marque du classicisme, mais encore à l'élaboration émotive de ce sentiment — ainsi nous passionne Verlaine, dont une grande part des petits poèmes hésite en fluctuations sensitives vers quatre ou cinq affirmations de sa vie spirituelle, éparses dans toute son œuvre : telles la *Prière* initiale d'*Amour*, *Crimen Amoris* de *Jadis* et *Naguère*, ou encore la série des sonnets mystiques de la *Sagesse*. Ce travail, cette ébauche, ces contradictions jusqu'au définitif nous plaisent. Or l'alexandrin, malgré tout son génie intérieur, peut-il sans s'altérer suivre ce polymorphisme — et si même il le peut, le doit-il, et faut-il à tout propos, et pour quelque air de flûte charmeur, toucher à la grande lyre ? Non, mais que se module

sur un pipeau individuel ce jeu défaillant et
ravi, selon le sanglot inégal de l'émotion bal-
butiante : et que ce vers suive ses alterna-
tives, se précipite ou languisse avec elle, et
allie ses sons suivant les retours de son obses-
sion, ou multiplie ses dissonances selon ses
gestes égarés — et que l'alexandrin, de
forme supérieure mais restreinte du fait
même de sa concentration, se repose, éveillé
seulement pour l'annonce du sentiment
essentiel et suprême de l'artiste, et le chantant alors avec une sonorité individuelle
certes ! mais pourtant apparentée, par la
fixité même de sa constitution et de ses harmonies, aux grandes vibrations antérieures
de la tradition française. Ainsi le vers libre
ne déforme pas et ne ruine pas la constitution expressive de l'alexandrin, et ne lui
impute nulle caducité, du moins à mon sens !
et n'appauvrit pas, mais enrichit au contraire
d'une nouvelle table de rythmes le registre
de l'élocution poétique, table d'approxima-
tions sentimentales juxtaposée au mode sou-

verain et pérennel d'énonciation intellectuelle
par le moyen du dodécamètre classique — et
enrichir le patrimoine d'expressivité est selon
notre devoir.

*
* *

Il y a une grande injustice à demander à la
poésie la condition primordiale de *clarté*. Et
c'est de plus une fondamentale erreur, une
requête sans précision, et en quelque façon
un sacrilège contre l'art.

On ne définit point la clarté, et nul ne sait
d'où elle rayonne : et je dis encore qu'il n'y
a point *une clarté* en soi, mais plusieurs, mais
infiniment. Que veut-elle, cette demande? A
quoi s'applique-t-il, ce mot? Est-il caractéris-
tique du dessin d'Ingres, d'un menuet italien,
du style de Zola? Le déniera-t-on à l'œuvre
d'un Whistler, d'un Schumann ou d'un Verlaine? Quel critère produira-t-on à son usage?
C'est ici le plus indécis des paysages intellectuels : car ce qui est clair pour l'un est noyé

de ténèbres pour l'autre, et selon le caprice
des dunes et les sinuosités des grèves, le
phare existe ou s'abolit pour le chemineur de
la plage.

La fatalité est que l'écrivain ne possède
point un instrument spécial. Alors que le
peintre a ses pinceaux, le sculpteur son ébau-
choir, le musicien ses portées et ses croches,
l'écrivain doit s'exprimer avec des mots
auxquels sera conservée la valeur que leur
donnent l'avocat, le physicien, le soldat ou le
marchand; et même lorsque, s'exprimant en
vers, il découvre un monde sensible aussi
étrangement spécial que celui du peintre ou
du musicien, il n'en doit pas moins, selon le
hasard et l'habitude des foules, user d'un instrument impersonnel et détérioré par mille
usages divers. De là naît l'erreur grossière
qu'il doit « parler clairement, ou comme tout
le monde ». Et la conséquence de cette imper-
sonnalité du moyen est si funeste, que cette
réflexion, absolument dépourvue de sens si
on l'applique à un autre art, est un des plus

obstinés soutiens de ce qu'on nomme « l'esprit français » et en général du grand ensemble des opinions ignorantes.

Il faut bien cependant que, réduit à la langue commune, l'écrivain soucieux de son style choisisse dans cette langue des éléments individuels. J'entends qu'il soit plus soucieux de *son style* que *du style* : car ce qu'on nomme le style est précisément un langage conventionnel et de tradition, consacré selon le vœu des professeurs et des critiques et élevé à la dignité de style français, vague idéal académique ignorant volontiers que les plus classiques écrivains varièrent leurs modes d'expression, et qu'il y a des marques profondes pour distinguer la façon de Bossuet de la manière de Rousseau. Or, la première condition d'originalité est une élection inattendue des vocables, un goût spécial de leur arrangement et du groupement de leur sens. Et il y aurait autant d'absurdité à dénier cette nécessité qu'à refuser d'admettre, par exemple, qu'un paysage de Monet diffère d'un paysage de Corot uniquement par l'arrangement des tons et la disposition des touches. Tous les littérateurs ont les mêmes mots et la même syntaxe, comme tous les peintres ont les mêmes tubes de couleurs et les mêmes pinceaux : et la différence entre eux commence à la première phrase écrite, à la première teinte posée. Anisi ne peut-on que prendre le raisonnement d'un enfant pour s'étonner d'une si puérile objection.

Et cependant, dès l'instant où l'écrivain commence de s'élire une petite langue dans la grande, la condition de clarté commence de se déplacer et de varier selon les lecteurs. Quel mot est rare, quel autre est banal? La seule demande est qu'il soit français. Quelle restriction est légitime, et pourquoi l'écrivain s'appauvrirait-il? Il faut le dire, nécessité incroyable : un mot riche est plus désirable qu'un mot terne. Les mots ont leur beauté particulière, et plus l'écrivain en sait et en emploie, plus il fait son bon office d'écrivain. Un peintre grandit plus sa palette est riche de tons, un écrivain se rehausse avec l'agrandissement de ses connaissances et l'augmentation du caractère de personnalité de son écriture. Notions risibles de banalité, pourtant ignorées de la plupart — et pardon de les retracer ici.

Il n'y a d'autre critère de la clarté que l'appropriation parfaite de la langue à la pensée : si l'une est exactement faite pour enchâsser l'autre, l'union est bonne et harmonieuse, et ainsi il naît de cette fusion une particulière lueur, cette lueur qui sort des choses belles : et c'est aussi un sens secret, et comme la commotion d'un magnétisme, ou une satisfaction comme de glisser sur une eau calme. Et ceux qui ornèrent assez leur esprit pour apprécier cette harmonie dans sa perfection y satisfont en même temps leur désir de clarté, ou mieux ils y trouvent naturellement et sans aucun effort ce qu'il faut y trouver : et les autres crient à l'obscurité, ne dénonçant que celle de leur intelligence ou de leur savoir. Cependant ils seraient incapables d'apprécier l'ordonnance des plis qui rayonnent dans la draperie de marbre sous l'élan du genou de la Victoire de Samothrace ; et ils ne songeront jamais à déclarer obscure cette parfaite appropriation qu'ils ne sauraient saisir.

La clarté varie selon les âmes. Et d'abord elle naît de l'œuvre, et aussi elle naît de l'esprit qui prend connaissance de l'œuvre. Le style de M. Mallarmé est parfaitement harmonieux, logiquement construit, exact en ses choix de termes, avec mille secrets des très grands écrivains touchant l'originalité de l'expression, et sa grâce, et sa valeur plus ou moins grande selon sa situation, et les tons et les demi-tons qu'un même vocable peut prendre, selon le heurt de sa sonorité avec un autre vocable juxtaposé, et une foule de délicatesses admirables : il demeure obscur comme la beauté aux illettrés et aux esprits sans culture. Mais alors que cet étrange reproche d'obscurité n'est point fait à un buste de Rodin ou à une poterie de Carriès, on le jette à tout styliste émérite, à cause de ce malentendu éternel, qui se refuse à différencier la langue du poète et de l'intellectuel de la langue du politicien, de l'architecte ou de l'armateur.

L'art est une sensibilité! Le mot *clarté* ne veut rien dire dans le domaine sensitif. *Clarté* ne signifie que compréhensivement. Un poète n'est pas fait pour être compris, mais pour être senti. Il est un messager du monde hyperphysique, et on ne commente pas le monde hyperphysique. On en ressent des variations de sensibilité. Ainsi les poètes sont des accumulateurs émotifs auxquels on vient se vivifier — et non point des donneurs d'explications. Il est impossible d'expliquer ou de commenter un vers. C'est la science qui se démontre, parce qu'elle est fondée sur des axiomes convenus entre les esprits. Mais ce qui est fondé sur la sensibilité individuelle ne se démontre point. Tout naît de l'intuition. Il y a injustice à réclamer le compte rendu d'un vers, il y a aussi absurdité : un beau pli,

un beau son ne s'analysent point en leurs
beautés, mais sont perçus ou ignorés. Ainsi
les gens intelligents se heurtent à un mystère,
et il faut affirmer que la poésie, c'est ce qui
est caché.

Il faut qu'il y ait des parties obscures dans
une composition d'art. La clarté est une
duperie et souvent une platitude. Expliquer
est pernicieux et inopportun. Si on ne laisse
point au lecteur une part d'interprétation
personnelle, on est dans l'erreur. L'essentiel
est de savoir disposer les trous d'ombre entre
les luminosités, pour que l'esprit du lecteur
s'y loge avec sens, selon l'intérêt d'accrois-
sement des parties expliquées. Une œuvre
d'imagination nécessite, comme les prophéties,
l'admission de plusieurs gloses. Il faut seulement savoir être obscur, comme il faut savoir
mettre les noirs en place dans une eau-forte.

On n'explique jamais rien, et c'est le propre
des professeurs de donner des explications.
Un artiste n'est pas un glossateur empressé
avec un crayon à la main ; si on laisse des

marges à un livre, c'est pour que l'imagination du lecteur s'y puisse formuler dans le sens indiqué par l'écrivain, qui livre sa pensée, et n'a point à la lucidifier pour l'avantage des intelligences médiocres. Qu'on nous laisse tranquilles avec cette odieuse condition d'explication, et le « qu'est-ce que cela veut dire »? La plupart de nos impressions « ne veulent rien dire ». Un baiser dans les ténèbres ne veut rien dire et est sublime.

Les commentateurs parcourent les textes comme une vermine, et ils établissent un bilan de compréhension là où il y a réserve de sensibilité.

Nous sommes aux prises avec une infinité d'échéances qui sont sans clarté. La vérité elle-même n'a point de sens, mais une suggestion. Là où l'être ne s'interpose pas, il n'y a pas émotion, et dans l'œuvre d'art il ne s'interpose que dans les parties inachevées, et de là il s'approprie selon son goût la signification et la destination de celles qui sont achevées. Autrement il demeure béat devant l'œuvre où il n'a rien à ajouter, et froissé du malaise de sa nulle intervention, il s'en va passivement.

C'est une loi qui doit être claire et parachevée, parce qu'elle dicte ce qu'on doit subir, et sa valeur croît selon sa spécification du quantum d'obéissance. Mais l'œuvre d'art ne s'impose pas de cette façon. C'est la part de sensibilité adjointe par son témoin qui constitue le rayonnement de son influence. Si elle est finie et expliquée, on n'a plus qu'à la considérer comme un objet, ou comme un événement prévu — et on la délaisse pour recourir à quelque plus passionnante possibilité. L'erreur d'une langue non littéraire continue ainsi son effet, et alors que beaucoup peuvent comprendre la médiocrité inévitable d'un tableau « fini » — bieu peu soupçonnent l'énorme intérêt d'art d'une poésie mystérieuse où un second sens gît dans les intervalles des lignes, et où les images revêtent la stricte désignation du sujet comme l'eau et les algues dessinent en transparence le fond charmant d'un bassin, de qui l'impure laideur se découvre à vidé.

De même que la juxtaposition de trois tons *fait plaisir* sans qu'on la *comprenne*, dans un costume ou un tableau, de même la juxtaposition de mots prétendus *sans suite* à tel endroit d'une composition poétique fait plaisir, et a une influence sur la sensibilité sans commentaire intellectuel et analytique. Car le moyen fondamental d'élire une langue individuelle dans la langue usuelle et commune, c'est, pour le poète, d'attribuer aux timbres et aux sonorités des mots leur valeur ordinairement négligée. Un mot est fait pour être écrit et parlé, et l'émission sonore double le sens. Nous comprenons par l'oreille autant que par la réflexion. Nous nous guidons au chant d'une phrase entendue avant que d'avoir recherché dans le clavier de notre mémoire la désignation conventionnelle de tel objet par telle modulation. Là gît le secret du vers, dans ce choix musical et ce perpétuel accompagnement du sens. Et lorsque l'impression à donner est imprécise,

pourquoi l'expression de la phrase ne le serait-
elle point ? Là le sens musical du vers efface
ce que le sens littéral a de trop rugueux,
pastellise la couleur trop crue, adoucit et
estompe ; et la beauté des syllabes, charme
sans signification, rend le charme indéter-
miné de la pensée. Stéphane Mallarmé, songeant à résumer en un vers, au cours d'un
sonnet, l'étrange cataracte d'éclairs de beauté
que fait ruisseler en lui la musique de Wagner, vue en rêve, d'ensemble et en une
seconde de la pensée, écrit :

Trompettes tout haut d'or pâmé sur les vélins

et les idées juxtaposées de chant guerrier,
d'altitude, de magnificence, de volupté et de
toucher délicat et spécial s'allient tumultueu-
sement dans la sonorité des grandes syllabes
en accords, de *haut*, *d'or*, de *pâmé* ; et en
même temps le tout s'entre-choque en un
luxe d'émotions simultanées, où rien de précis ne se dessine, pas plus qu'en la pensée

de l'auteur ni en celle de ceux qui se substituent à lui en le lisant, nulle figure ou geste particulièrement choisi ne devait surgir... Mais un tel vers peut-il être dit clair ou obscur, selon qu'on s'en explique l'intention ?

On peut formuler que tout ce qui ressort de la synthèse, c'est-à-dire tout ce qui tend au simple, est plus difficile aux entendements médiocres que tout ce qui procède analytiquement. Quiconque possède la haute faculté de résumer sa pensée, de remonter rapidement et sans effort aux quelques notions fondamentales de l'esprit, et de rejeter l'amoncellement des détails et des cas particuliers, est malaisément compréhensible au vulgaire. Comme un voyageur placé sur une haute montagne comprend le cours des rivières de la plaine, suit les détours des routes d'un village à l'autre, débrouille aisément les accidents de terrain, tandis que le pèlerin du vallon s'inquiète des moindres sinuosités et ne peut soupçonner la configuration de la contrée où il chemine, de même le poète s'explique avec aisance les grandes et simples lignes directrices de la pensée, et va droit vers elle avec les mots les plus définitifs, en leur attribuant toute leur valeur, tandis que l'inconnaissance de la foule vient échouer à tout ce qui n'est plus chaînon de détail partiel et journellement connu. L'art synthétique cueille de chaque terme l'efflorescence musicale à l'effet d'en nimber le sens, ainsi les couleurs complémentaires d'un ton. Mais on a si longtemps pris la poésie pour la narration ou l'éloquence, on l'a si longtemps fait servir à des querelles politiques ou à des exaltations patriotiques, que l'on ne comprend plus ces choses, cet étrange vol du poète sur les cimes des idées et des objets, ce jeu indéfinissable de la pensée avec le rythme, cette réserve du chant des mots à côté de leur sens — le suprême de la poésie.

On nous a reproché, on nous reproche, à mes amis et à moi-même, d'être obscurs. Qui donc l'est parmi nous, en vérité? Est-ce que je n'ai point parlé avec clarté ? Non, il n'y a point de commune mesure dans l'intellection. Qui de nous sera obscur, André Gide ou Henri de Régnier, Francis Vielé-Griffin ou celui qui s'étonne présentement ?

La poésie ne se prouve pas, ne se catalogue pas, ne se commente pas. Mais elle jaillit comme un feu universel, comme un geste autorisé, comme une colonne commémorative, ou quelque grande décision de ce qui est prééminent : et les hommes doivent la saisir avec des mains simples. Car elle ne s'approprie point comme un objet, n'est point faite pour se porter avec ostentation ainsi qu'un bracelet ; elle ne consent pas à mille trafics individuels, mais elle se tient au milieu de notre instinct avec des attitudes d'axiome, un caractère d'authenticité — et comme les turquoises elle pâlit, s'éteint, s'annule en sa vertu lorsqu'elle touche à des âmes abandonnées de la véritable santé — en tout semblable à un chant sonore et aussi polymorphe et indomptable que le vent qui vient des îles orientales.

QUELQUES

JEUX DE L'IDÉATION

11

QUELQUES JEUX DE L'IDÉATION

On ne *ment* qu'à soi-même, partout ailleurs on *imagine ;* et l'on peut cela seulement. Aussi l'honneur de l'homme gît-il, depuis l'heure première, dans la fiction, qui est tout l'art : et la vie est un art individuel, étant recréée dans le silence de l'esprit. La beauté de la peinture, s'il m'agrée présentement d'y toucher, est dans ce mensonge muet que l'auteur se fait des choses à soi-même, et notre plaisir naît de savoir que cela est fictif. Troublante énigme qu'un paysage, alors que, contemplatifs de bonne foi, nous nous constatons joués par l'artifice de quelques mélanges chimiques dépositaires de nos mirages, où toute l'émotion de la nature transposée vient se certifier issue de nous-mêmes !

Ce crédit étrange de l'art, que, sans forme, il recrée la forme, et, sans consistance, il plasticise... Et peut-être toute morphologie gît-elle dans l'imagination, créatrice de l'idée de matière et matière elle-même, idéation.

Ce qui attire en ces galeries où des maîtres nous convient parfois à mesurer les efforts de leur nature aux prises avec la nature, c'est peut-être, plus précieusement, leur aisance à illusionner.

Ces horizons embrasés de Degas, ces meules et ces peupliers resplendissants de Claude Monet... Étudiez-les, ciels doux, poudroyants, verdis, neiges, soleils, opulences des feuilles de l'automne, toujours renaît la délicate sensation d'un mirage, et la petite peur de voir d'un souffle s'évanouir ces décors de la nature y mêle un goût vif et spécial. Il faut se hâter d'aimer, de peur d'un caprice, d'un jeu annulant soudain ; et toute chose charme proportionnellement à sa qualité d'illusion ou de fragilité.

Une des coquetteries désirables de la peinture, la dissemblance absolue de ce qu'il y a sur la toile avec ce qui y fut représenté. Car le dessin n'est pas la notation graphique des différenciations de plans colorés, mais le moyen d'en imposer l'illusion : et plus le dessin s'affranchit du graphique, erreur optique, plus il devient l'œuvre fictive de l'illusionniste, plus il vaut. Les interprétations de peupliers de Claude Monet, si sûres d'une vérité et pourtant si peu conformes, sont subtiles jusqu'à l'inconcevable dans ce sens. L'intérêt du site ne gît pas dans son contour, mais dans sa matière plastique, et ce qui importe picturalement, c'est ce plasma.

Art admirable, alors que l'homme à lui destiné pense violet, s'attriste en vert d'eau, se réjouit en pourpre, ou que sais-je ! morale à qui suppléent, selon un prestige de la nature, les nuances.

Un homme aisément familier avec la fiction sait toucher le fond de son art. Et toujours, lui manquât-il tout le reste. Banville n'eut pas tous les dons du grand maître, mais il connut l'aisance dans le rêve, et il y a un côté de l'art où jamais personne ne l'a approché, même de loin : quelque sourire original et lumineux, un certain pouvoir de se promener dans l'Olympe avec plus de certitude qu'au bois de Boulogne, une attitude... Il avait cela, et c'est un génie incomparable, un magnétisme, une intangibilité, en un mot ce qui en constitue une figure exceptionnelle de la Beauté.

On néglige la fantaisie et l'aisance : c'est le secret des chefs-d'œuvre. Même les maîtres qui paraissent le démentir, en allant au fond des choses, l'approuvent. Le travail chez eux est intérieur. Je ne sais pas si Flaubert mettait réellement des heures à écrire trois lignes, ou si plutôt il ne rêvait pas à l'harmonie qu'elles lui suggéraient, devant le fameux tableau noir. Invention, fiction, les beaux mots, le beau devoir d'artiste !

DU CARACTÈRE ET DU STYLE

Je souhaiterais qu'on nous laissât enfin
tranquilles avec le Graal, le cygne, l'oiseau
de Siegfried, les casques, les palefrois, les
glaives, les cités de rêve et autres lieux com-
muns. C'est une punition injuste, que les
symboles qui plurent à Wagner, et qui ne
valent que par la place qu'il leur assigna,
soient devenus le repère et la cheville de tous
les débutants de lettres. Est-ce que cette fer-
blanterie est de la vie ? Tout aligneur de qua-
trains est un *héros*, combat les *licornes*, ou
chevauche dans des forêts *fabuleuses*. Il y a
vingt ans, on était *de granit*, on tutoyait les
sphynx et les fakirs ultra-centenaires, on
visitait la ménagerie de Leconte de Lisle, ou
on recopiait José Maria de Hérédia en chan-
geant les rimes : aujourd'hui on dévalise la
Tétralogie, et pour un pur artiste de tapisse-
ries anciennes comme Henri de Régnier, on
a cinquante badauds qui fourbissent l'armet

de Mambrin. De bons garçons alcooliques et plutôt déséquilibrés ne peuvent pas écrire trois lignes sans *paver d'émeraudes* ou *iriser d'escarboucles*. La manie des pierres précieuses est excessive. Quand donc nous débarrassera-t-on des chrysoprases, des opales, des portors et autres similors ? Cela n'a aucun rapport avec Gustave Moreau, que chacun pense pourtant égaler en accumulant chimères, roses, flammes, sardonyx, cymophanes et tant d'ingrédients. Qu'il est difficile et plus méritoire d'écrire une page de critique lucide, disant ce qu'il faut avec des mots justes !

Se figure-t-on donner du caractère avec ces joailleries ? Les poèmes récents ressemblent à des bourgeoises surchargées de bijoux. C'est dans la sobriété de l'ornementation et dans la mise en valeur du mot riche qu'est le secret.

C'est une puérilité absolue que de prodiguer ainsi la richesse réelle pour donner une impression idéale de magnificence. Et si l'on prend les pierreries ou le Graal comme symboles, qu'il faut de ménagements! Quelle erreur de croire que Wagner ait tenu à cela plutôt qu'à autre chose! Le Graal dans *Parsifal* est à sa place, ou plutôt s'abolit; c'est toute la sensibilité sublime que nécessite sa conquête qui trône, et non pas ce vase de sang en lui-même. Le Graal hors de *Parsifal* n'est qu'un ustensile. Avec trois ou quatre termes : l'Épée, les Roses, le Crépuscule, la Ville, un excellent artiste comme Henri de Régnier borne une relation symbolique de son rêve vu en transparence, mais quel tact n'apporte-t-il point dans la volontaire monotonie de ses rappels périodiques de motifs! Ce sont trois ou quatre significations primordiales de lui-même, et l'objet nommé est infiniment surpassé par sa neuve emblématisation. Mais d'autres jettent tout cela à tort et à travers...

Qu'on ne se contraigne point à des symboles inadéquats à soi-même, mais qu'on les choisisse dans sa propre existence intérieure.

Il n'y a pas de symboles fixes, un langage, un volapük de symboles. La poésie n'est pas une langue chiffrée, une hiéroglyphie : ce que signifie l'Épée pour Henri de Régnier ne répond en rien à mon sentiment; aussi ne m'en servirai-je probablement jamais. Si les motifs avaient le même sens pour tout le monde, on serait condamné au pastiche en fort peu de temps.

Il serait désirable aussi qu'on renonçât à mettre des majuscules à tous les mots pour les faire valoir. C'est la marque des gens qui ne savent pas écrire. On dirait, souvent, en lisant des livres d'aujourd'hui, qu'ils imitent l'usage allemand de commencer tout substantif par une grande lettre. De la sorte, tous les mots se débilitent, comme les valeurs d'un tableau où tout est empâté. Les phrases de Paul Hervieu, de Maurice Barrès, d'Élémir Bourges, pour citer d'éminents prosateurs, sont claires et comme treillagées sur le sens, avec des mots simples, peu d'adjectifs, et l'expression qui donne le caractère ressort soudain, comme une perle sur un fil d'or, comme le point lumineux de l'œil.

Accumuler les nuances chantantes?... Delacroix peint le lac de Génésareth en gammes sombres ; l'auréole du Christ est un citron clair, et c'est toute la lumière surnaturelle d'une auréole, et tout le tableau paraît resplendir avec cette seule note. *Le Linge*, de Manet, on dirait qu'il n'y a jamais eu une lumière aussi énorme dans la nature ; à voir de près, c'est une gamme de gris et de vieux rose. Besnard dit : « Puvis de Chavannes fait éclatant avec des mauves et des maïs. » Et c'est vrai. Les maîtres savent mettre en valeur. Flaubert mettait en valeur, sans majuscules et sans la sarabande des pierres précieuses, et ça chantait...

Rien n'est facile comme le style, et rien n'est difficile comme se débarrasser des préjugés qu'on s'en impose. Il est extrêmement dur d'être sincère, et nous préférons sans doute épuiser tous les atermoiements du mensonge avant de nous donner tels que nous

sommes ; aussi un Verlaine qui dès l'abord
et sans hésitation s'avance « riche de ses
seuls yeux tranquilles » nous stupéfie, et il
est gênant pour tous les gens de lettres. Mais
si nous parvenons à nous borner à notre
seule expansion et à goûter le beau chez
autrui sans l'envie secrète de l'imiter, alors
nous nous ressaisissons, et dès cette minute
le principe de notre style est trouvé. J'entends par là que l'expression de notre personnalité peut naître. Restent à inventer les
détails de composition et les divers modes
d'impressionner; cela est question d'étude,
de perfectionnement, de fréquentation des
maîtres et du geste des simples; mais l'essence de tout cela, ce qui fait qu'un style
peut se créer, c'est encore la sensibilité. Et
sa première marque chez un écrivain futur,
c'est l'ivresse verbale, comme le sentiment
des valeurs chez un peintre. Celui qui ne
respecte pas les mots ne se respectera jamais
lui-même, et il faut toujours espérer d'un
enfant silencieux, dont la langue est em-

barrassée, dont les yeux sont mobiles et par-
lants.

*
* *

Il y a deux choses : faire voir et faire sentir. Le premier don est encore de la littérature. Des esprits très inférieurs y parviennent,
Maupassant par exemple. C'est le premier
degré du caractère. Mais faire sentir ! Ce n'est
plus le mot qui peut cela, c'est le chant, c'est
le grand pouvoir. Flaubert, Villiers de l'Isle-
Adam, Mallarmé, avec le chant, font sentir :
Gautier, un des hommes les plus habiles et
les plus vides qui aient existé, fait voir tout
ce qu'il veut, mais ne peut jamais rien faire
sentir. Or, éveiller le sens, c'est tout ensemble
montrer, avec une clarté supérieure. Les
grandes phrases d'*Axël*, de la *Tentation de
saint Antoine*, restituent les paysages avec
une puissance merveilleuse, l'eau de l'étang,
dans *le Nénuphar Blanc*, chatoie avec une
lucidité infinie — et toute l'âme des poètes
y transparaît. Dans Gautier, il ne transparaît

rien du tout. Les maîtres de sensibilité sont à l'aise dans le rêve. La rentrée d'Akëdysseril dans Bénarès au soir, c'est tous les retours triomphaux de toutes les armées orientales, dans tous les siècles : un plastique ne ferait pas cela sans une date et un costume précisé. Les naturalistes n'ont jamais fait voir ce que Baudelaire fait voir en trois lignes des *Bienfaits de la Lune*, ou Poe dans *Silence*. C'est qu'on voit moins, infiniment moins, avec les yeux qu'avec la clarté spirituelle. On voit en passant, on contemple en s'attachant.

La musique du mot, les harmonies d'un bout de la période à l'autre... Que Manet est compliqué et détaillé à côté de Meissonier et de l'allumette jetée à terre du *Graveur à l'eauforte!* Que les draps du lit de l'*Olympia* font voir plus que toutes les draperies de David! Trois tons : un gris, un bleu, un mauve, et c'est tous les draps d'un lit de fille, et le grain de la toile, et la moiteur de la nuit et de la chair...

> Dans un palais, soie et or, dans Ecbatane,

cela chanté, tous les luxes de tous les Parnassiens n'ont plus de raison d'être, près du diamant de ces onze syllabes. Et eux tiennent tous là dedans, et quand ils ont bien répété leurs ameublements, ils se taisent : Verlaine dit cela en passant, et continue, et va bien loin.

Le mot est puissant jusqu'à l'impossible, comme un poison suprême, comme un or ineffaçable. Savoir cela, doser, proportionner : la vraie force.

... Le plus extraordinaire, dans Baudelaire, ce n'est pas encore qu'il ait écrit *les Fleurs du Mal*, mais que, pouvant les écrire, il n'ait écrit *que cela*. Hugo aurait fait un admirable et inégal volume avec chacun de ces poèmes. Mais se sentir assez géant pour aller de la *Bénédiction* au *Voyage*, et se retenir à ce point inouï, se concentrer, se tordre les ailes...

Pégase captif.

*\
* *

J'emploie ici les termes *caractère* et *style* indifféremment pour l'art et pour la vie, n'ayant jamais consenti à distinguer l'un de l'autre. Ce que nous appelons un homme de caractère est identique à un tableau de caractère, à une œuvre de style. Cela nous donne la même sensation d'harmonie. La beauté est tellement morale, même celle des formes et des reflets, que l'annonce d'un bel événement nous fait songer : Comme c'est bien peint! et nous considérons un beau livre paru comme un bel événement; nous voyons des choses trois ou quatre grands aspects de pittoresque, de banalité, de défaillance ou de génie, et nous ne nous passionnons jamais que pour des spectacles.

*\
* *

Je supporte malaisément ce moderne abus du *génie*. Une foule de gens crient au génie

de Vincent Van Gogh : que diront-ils de Vinci
ou de Memlinck ? Inventeront-ils un autre
mot ou rabaisseront-ils celui-ci ? Cet admirable
et probe Vincent se serait moqué d'eux tout
le premier. On ne songe pas que déclarer qu'il
y a génie, c'est s'apprêter à une émotion immense, à un noviciat : et de tels mots ne se
gaspillent point. Le talent est déjà une fort
belle chose, mais ce mot ne suffit plus ni à la
flagornerie ni à la vanité. Van Gogh me
semble être un exemple excellent de ce dé-
vergondage d'esprit. On a paru convenir,
devant sa réelle originalité, que le génie est
une façon de bizarrerie violente — ce qui tout
d'abord ne ressemble point aux autres. Quand
cela ne ressemble plus du tout aux autres,
c'est tout à fait le génie. Voilà une grande
sottise. Le génie n'est ni la singularité ni
la folie, mais cela et toutes les autres qualités mêlées et sublimées avec *une harmonie* et quelque extase indéfinissable et universel. Mais Van Gogh, passant pour un
fou exaspéré, réalisait par là même le génie

aux yeux de certains. Et voilà qu'on publie une correspondance de lui, simple, d'un sentiment profond et naïf, modeste, décelant une saine et logique nature d'homme aimant son art, travaillant avec ordre, cherchant des tons, révérant Terburg, Van der Meer, Hobbema... Quel effondrement! De ce jour-là, cet honnête homme consciencieux m'est apparu bien plus grand. Des phrases de lui, griffonnées et point *géniales*, Dieu merci! mais *humaines*, allaient au cœur. Mais ses enthousiastes!... Ce n'était plus un *fou de génie*, puisqu'il raisonnait son effort: et ils sont demeurés déconcertés, prêts à dire *qu'on les avait volés*.

***

Le peintre Auguste Pointelin me paraît, lui méconnu, un homme admirable, car il ne cherche pas à *faire ressortir* le caractère d'un site: mais, son tableau fini, le caractère surgit naturellement des points caractéristiques, sans qu'il les ait concertés à cette fin.

Et il a une âme grande de mélancolie, et on dit qu'il fait toujours la même chose : oui, en beauté. C'est un homme qui sent et qui exprime — un maître.

* *

Ce groupe impressionniste, vraiment, où en découvrir un plus complet en son épanouissement ? Claude Monet, la grande fureur panthéiste, la palpitation des atomes, l'intensité de la lumière vivante : Manet, l'héroïsme tragique du vrai, et peintre jusqu'au sublime : Degas, l'observation magistrale des modernités, et leur grâce bizarre et secrète : Renoir, le repos dans le rêve soyeux et doux : Pissarro, la vie primitive, le poème rustique de la plaine, original après Millet. Et Cézanne, Sisley, miss Mary Cassatt, Besnard, forces diverses de la nature, de la clarté, de la perversité et du charme. Quelle présentation glorieuse, bouquet sur ces années récentes — et surtout cette joie des choses belles, ce respect de la Beauté ! Et le beau cherché dans le caractère et le style, purement! Il y a là quelque génie héroïque, un fantôme inconnu du sublime...

Attendre.

.*.

Je m'étonne aussi de l'acharnement présent à « trouver un style xix° siècle ». Pourquoi cela? Beaucoup déplorent que l'ameublement perde son caractère, et le costume, et les bijoux : et l'on s'égare dans des tentatives maladroites pour répondre à notre besoin de ces choses. Le besoin existe-t-il réellement? Qui sait si ce style d'ailleurs n'est pas en train de se former là où nous l'espérons le moins?

Les gens du seizième siècle ne songeaient pas à marqueter des crédences xvi° siècle. Ils faisaient des meubles, et voilà tout. De ce que nous n'apercevons pas bien ce que sont les nôtres, s'ensuit-il qu'eux l'aient mieux aperçu dans les leurs?

Ce temps-ci aura eu plutôt souci du con-

fortable. Je dirais presque que voilà un style.
Nous faisons depuis un siècle un profond
retour sur nous-mêmes. Notre extérieur s'efface, notre vie intérieure ne s'intensifie peut-
être pas, mais elle s'organise plus méthodi-
quement. Nous sentons fort bien que le luxe
n'est plus notre fait, ni la pompe décorative.
Pourquoi continuerions-nous à orienter le
style vers l'extériorité de la vie ? Un style
intérieur peut naître, et il est peut-être né
sans que nous le soupçonnions, alors que
dans cent ans il apparaîtra caractérisé. L'idéal
d'un style se déplace comme toutes choses.
Nous sommes intimement blessés de nous ins-
taller avec nos vêtements sobres dans un
hôtel Henri II. C'est une marque que notre
vision du luxe a changé profondément: il est
superflu de forcer le caractère d'une époque,
d'autant que nous sentons bien tous que la
nôtre fourmille de motifs étranges. Le style
du dix-septième siècle est le reflet de la figure
royale: le nôtre est peut-être le reflet de l'individualité — et ainsi fragmenté en appro-

priatious personnelles des objets... qui sait?
Si l'ameublement et la vêture ne donnent
plus de motifs à l'énorme modification de ce
siècle, le caractère se manifestera ailleurs;
nous n'avons à nous inquiéter en rien d'une
élaboration dont nous sommes les facteurs
inconscients. Il est vrai que la vie moderne
paraît hideuse : elle ne flatte plus l'œil. Mais
peut-être avons-nous infiniment d'autres joies
que les gens d'il y a trois siècles cherchaient
sans les découvrir, et où ils plaçaient leur
visée du style. Il n'y a rien, en dépit des
apparences, à envier au passé, par cela même
qu'il est passé, et nous reformons tous un
nouvel ange.

*
* *

Les choses belles font souvent l'impression
d'être superposées aux laides : même si physiquement et expérimentalement il est avéré
que l'objet qu'on admire est à un plan inférieur
de celui qu'on déteste, l'optique s'en trouve
annihilée en sa vérité, et il s'élève de la

chose belle une sorte de brume de beauté qui plane au-dessus de la chose laide. Et cette brume de beauté est peut-être tout ce que nous appelons l'âme, ou le sens du juste.

*
* *

Le caractère est tout. J'ai entendu dire : « Degas, un grand peintre ! Il peint des blanchisseuses ou le ballet des petits pieds sales ! » Et puis après ? Si demain on découvrait que les princesses de Velasquez étaient des catins costumées, qu'est-ce que cela changerait à Velasquez ? Et les triomphes de Bacchus et les Andromèdes et les Saintes Femmes de Bouguereau, comme c'est plus bas et plus grossier que les blanchisseuses de Degas !

Cette extraordinaire Mᵐᵉ Berthe Morizot, Armand Point, Aman-Jean, ceux-là savent ce que c'est que le caractère... Et Henry de Groux, avec sa génialité violente et lucide, et Maurice Denis et Edouard Vuillard, qu'ils le savent aussi !

Deux prunes et un couteau près d'un verre, de Chardin, c'est plus noble qu'une princesse de Carolus-Duran, infiniment, incomparablement. Le sujet n'est rien du tout. James Whistler, l'homme qui vient le plus d'Edgar Poe, fait une chose sublime avec deux bateaux et une pile de pont, la nuit...

*
* *

Je m'enfonce dans une songerie ténébreuse sur l'originalité. Hélas ! nous sommes prisonniers du pastiche, et nos pensées nous sont volées dès que nous ne nous taisons pas. Nous serions moins détestables si nous ne parlions plus jamais jusqu'à la désirable mort. Comment pouvons-nous porter le sourire sur le visage, alors que la honte nous ronge, et la maladie ignominieuse, d'être les comédiens de nous-mêmes, et de rapporter forcément et en secret nos émotions à un type littéraire jailli de nos souvenirs ? Nous sommes les cierges de nos propres funé-

railles, mais nous cherchons des parallèles
et des réminiscences esthétiques tout autour
du cercueil de notre rêve, avec ces cierges
d'intelligence. Nous furetons sous le cercueil
de notre désespoir pour découvrir d'harmonieux adjectifs! Il n'y a rien d'abominable
comme ce dédoublement fatal de nous-mêmes.
Il faudrait ne plus rien savoir, il faudrait tout
oublier, ne rien savoir comparer; il faudrait
un rêve extrêmement blanc et magnifique,
l'immersion d'une neige immémoriale, l'ab-
soute du froid et de l'éther. Il faudrait
atteindre au geste précis des petits enfants...

Et il faudrait avoir moins d'impudeur que
je ne viens d'en avoir, à révéler dans des
feuillets destinés à quelles âmes passantes?
un des tourments qui peuvent encore honorer
un peu, s'ils restent tacites, les crucifiés
impatiemment tolérés que nous nous trouvons être.

Pardon... nous sommes si misérables, nous
qui ne pouvons plus distinguer la pensée des
autres de la nôtre, truchements de sensibi-

lité, pitres du boniment d'autrui, reporters impersonnels et épuisés des impressions que nous ne ressentîmes pas. Nous ne nous appartenons pas, nous sommes des hommes de lettres, amuseurs, ou pis. La vie des hommes ordinaires, que nous devons subir, est déjà bien misérable ; elle est prisonnière de tout, du déjeuner, de la pluie, du linge, de l'indifférence du ciel et du pavé. Et nous comptons la prison double. J'ai d'ailleurs absolument tort de me plaindre de cela, car ce martyre volontaire est la seule chose qui ne s'achète pas... Mathilde, dans *le Rouge et le Noir*, dit cela de la condamnation à mort. Il y a bien du rapprochement. Nous sommes condamnés à deux existences : et les morts aussi peut-être...

*
* *

Nous avons eu, mes amis et moi, nos martyrs et nos chers morts aussi : Ephraïm Mikhael, prestigieux, Jules Laforgue, styliste parfait, ironique génie subtil, triste et tendre, Arthur Rimbaud, colosse d'ombre — et ce probe et hautement honnête homme Vincent Van Gogh, et Georges Seurat, cette cervelle lucide et Monticelli — et ceux qui ne se nommèrent point. J'ai visité leurs tombeaux dans mon intérieure Éleusis. A chacun est dédié un pylône de palmes, trophée ! et j'aime y croiser l'éclair coutumier des porte-épées, pour que sous le feuillage noir transparaisse l'acier sacré, à la noble mode des monuments antiques. Funéraux témoins des paroles que faiblement s'efforce d'énoncer en échos ma pensée présente — je les aime.

DU SENS DE LA LIBERTÉ

Il est aussi intolérable pour un artiste de s'inféoder à une *école* que de reconnaître la légitimité d'un gouvernement.

Nous ne pouvons pas séparer l'art de la vie, puisque l'un est fait de l'autre, et que nous n'acceptons la vie qu'en tant que moyen de réalisation esthétique : ainsi nous prétendons au droit d'être libres, et la solidarité nous est impossible. Nous sommes des isolés : nous agissons de concert, mais à la façon des parallèles, sans nous confondre jamais. Comment accepter ces termes odieux d'école et de chef? Ils me blessèrent dès l'enfance; je ne les verrai jamais sans dégoût. Il faut être sot pour s'estimer plus qu'un commis de magasin parce que l'on s'enrégimenta dans un clan littéraire — et il faut être plus sot que le commis pour conclure à l'utilité d'une vie ainsi asservie moins au souci de se révéler qu'à l'espoir d'un revirement de la mode. Déjà la qualification d'élève se tolère impatiemment dans les arts plastiques, où l'accoutumance de la matière à manier explique pourtant un certain stage de disciplulat : encore nous indignons-nous que le disciple ne dépouille pas tout seul sa glaise ou ses pâtes colorées de leurs secrets. Et dans un art d'idéation supporterons-nous l'endoctrinement et le groupement autre qu'en sympathie ?

La sujétion de l'amitie estune liberté supérieure, la joie d'un don de soi ; toute autre sujétion est basse. Jamais je ne renierai assez résolument les effets d'une confraternité apparente, et ses obligations. Confrères, presque collègues... exerçons-nous une profession pour ainsi nous désigner ? J'admets tout au plus un sacerdoce, mais près d'un autel individuel.

Nous ne sommes pas des fonctionnaires à mots d'ordre, mais des hommes libres soucieux de leur intellectualité. Nous n'avons de devoirs qu'envers nous-mêmes. La logique approuvant la sensibilité, voilà toute notre éthique. Nous sommes normaux selon les lois naturelles, anormaux selon les conventions sociales. Nous sommes comme des moulages du visage de l'invisible parmi une grande foule de masques, et nous nous reconnaissons à notre dissemblance. Gravitons chacun dans une ellipse particulière, dans un orbe élu, et sourions-nous silencieusement et de loin — anonymes porte-flambeaux éclairant notre chemin voulu sans besoin des clartés amicales de nos frères en spiritualité.

*
* *

Il n'y a point de gloire à être raisonnable, mais à être passionné, car la passion est la maîtresse de logique de la raison, et l'une oriente infailliblement vers le sens de soi, et l'autre souvent vers l'assentiment général. Car l'une procède du consentement secret, et l'autre est née d'un accord concerté, comme une langue chiffrée ou une estimation réciproque des monnaies. J'entends qu'elles s'allient et que nous soyons libres ; et pourquoi serions-nous sacrilèges de notre propre mystère, en faisant de notre logique la révoltée de notre sentiment dont elle doit être la Justificatrice devant la nature ? Ce qui est selon le sens des choses n'est point illusoire, et cela seul : ainsi tournons vers nos frères une face de silence.

L'Art ne vit que de libre-arbitre et d'in-
souciances, même au fond des œuvres les
plus sérieuses. Je trouve difforme un homme
de l'importance de Zola, lorsqu'il se glorifie
de travailler à heure fixe. Quelle étrange am-
bition de bureaucrate! Sait-on pourquoi on
travaille à des œuvres d'intellectualité pure?
Et qui se lèvera pour dire qu'elles sont utiles
avec certitude, et pour affirmer la nécessité
impérative supérieure d'écrire, de se racon-
ter? Cette belle nécessité n'est nullement en
dehors de nous-mêmes, et nous ne devons
rien à autrui de notre rêve intérieur.

L'Art: une attitude de dandysme poli, une
façon de ne pas paraître s'ennuyer. J'assure
que c'est assez pour produire des choses
sublimes. Mais se figurer qu'on est utile parce
qu'on a écrit trente volumes à jour fixe! Un
homme qui prévoit que pendant trente
années il se mettra à sa table de telle heure
à telle heure pour mener tel livre à sa fin est
le contraire d'un artiste. Sociologue, chimiste,
politicien, — artiste jamais. Cela se sent en

ouvrant un volume de Zola. Comme il est dupe de son imaginaire devoir, comme il fait vraiment un *devoir*, un cours ! Il peint au lavis comme David, sans un empâtement, sans une tache qui plaise à l'œil ; c'est uniforme et panoramique. C'est de la chronique historique.

Flaubert...

* *
*

Pourquoi ne serions-nous pas heureux, et qui nous empêche d'avoir du caractère, en nous conformant aux lois naturelles ? On n'est jamais dupe de sa sensibilité, puisqu'elle est le seul profit et le seul intermédiaire de l'univers. Nous ne devons absolument rien à autrui, hors notre libre consentement, car une affection ne naît que de l'assentiment, ou d'une force si supérieure de l'instinct, que nous lui obéissons sans peine, sentant bien que l'une de nos raisons de vivre se révèle.

Nous ne devons rien à la société. A vrai dire, elle n'existe presque pas. Il y a une série de conventions pécuniaires en vue de la commodité, mais la mainmise morale est inadmissible. Les gouvernements ne sont que des commissions de salubrité et d'hygiène, chargés de faciliter la nourriture d'une nation ; s'ils outrepassent ce mandat, ils deviennent dérisoires ou odieux.

*
* *

On devrait peut-être, au lieu d'écrire *esthétique*, orthographier *esthéthique*. C'est qu'en effet je ne puis parvenir à dissocier en moi l'éthique de l'art. Je sais bien tout ce qu'on objectera, et avec raison : mais franchement et bien au fond, je ne crois pas aux divisions méthodiques du tempérament, et je ne vois pas un artiste dissemblable en son art et dans sa vie, malgré tout ce qu'on pense y voir de dissemblable.

Il y a un mot : *se manifester*. Tout y revient. Il n'y a pas deux façons de bien, l'une pour l'œuvre et l'autre pour soi : l'œuvre et soi, cela ne fait qu'un, et c'en est une marque profonde, que les théoriciens de l'impassibilité se montrent quand même dans leurs plus froids écrits. Être sincère avec soi-même et s'estimer, voilà une règle d'éthique qui n'est pas moins esthétique. Construit-on sa vie autrement que son œuvre? Je ne le saurais assez nier. J'ajoute qu'il y a là une direction préconçue de notre esprit, car nous n'avons pas de mots distincts pour différencier notre œuvre de nous-même. Individualité, caractère, sensibilité, voilà de communes désignations de la vie et de la composition d'art.

Esthéthique, oui. S'il fallait créer un mot nouveau pour un fait qui s'impose, celui-là concilierait bien l'art et la vie. Il est vrai que le mot *sentiment* est si beau et expressif : et puis tous les artistes comprennent ce que je veux dire, et l'ont dès longtemps en eux-mêmes. D'ailleurs on paraît ne s'entendre sur rien, et au fond on s'entend sur tout ce qui est selon l'humanité.

DE LA RECHERCHE DU CHEF-D'ŒUVRE

Nous ne savons pas ce que c'est qu'un chef-d'œuvre : nulle entente ne s'est produite entre nous sur ce mot, et nulle ne s'en pourra jamais produire. Car on ne transforme point parfaitement les ressources de la sensibilité en forces logiques, et on n'argumente pas sur un constat d'émotion. Or le chef-d'œuvre suppose une joie si démesurée de notre sensibilité, que la logique, même par une entière satisfaction, n'y peut atteindre. Le propre de l'art est de surexciter la sensibilité au-delà du contentement de l'esprit. Ainsi nous pourrons bien nous accorder sur le mérite de la composition d'une œuvre jusqu'à déterminer par le raisonnement l'exact balancement de ses moyens et l'économie de ses ressources d'excitation ; mais nous n'irons pas plus loin ensemble, et le résultat de la mise en œuvre de ces moyens deviendra individuellement variable, et conséquemment justiciable de l'individu. C'est de ce moment que l'esthésie se différencie des sciences exactes, et le talent est appréciable par l'usage des méthodes logiques, mais non point son résultat, qui est l'impression.

Je soupçonne que le développement de notre éducation critique nous a déviés dans l'équitable considération de cette divergence: et au lieu de nous résigner à goûter l'œuvre d'art par le seul moyen du silence, nous en sommes venus à confondre la dissertation sur les moyens de l'auteur avec l'effet dont ils lui facilitaient l'obtention ; et, il y a là une façon de perversité. Ainsi nos joies en sont venues à ne plus nous appartenir que conditionnellement, et nous nous sommes surpris à mêler pernicieusement le jugement de notre éducation esthétique et le jugement de notre sensibilité. Par là notre goût de la composition et des moyens s'est trouvé in-fluencé de la violence partiale de notre enthousiasme premier, et la découverte d'im-perfections à un second examen a profané

et terni de préoccupations de forme l'efflorescence de notre émotion, qui est une chose
précieuse et sacrée, et dont l'intangibilité
eût dû demeurer notre essentiel désir.

Le dilettantisme n'est que le résultat
extrême de cette confusion et l'instabilité
de nos jugements est venue d'elle. C'est par
elle que des peintres, découvrant en Delacroix des imperfections de dessin, formulent:
Mais il ne sait pas dessiner! Oubliant qu'il
sait infiniment d'autres choses plus belles,
plus profondes, plus riches et plus merveil-
leuses, cent fois suffisantes pour racheter à
rançon royale la dureté d'une ligne ou le
cahotement d'une courbe. Ou ils s'aveuglent
par cette remarque de myopes jusqu'à piéti-
ner sur leur sensibilité au profit de leurs
notions et de leurs canons — et alors qu'ils
sont abaissés! ou ils ne peuvent faire taire
en eux-mêmes l'admiration et l'émotion que
l'ensemble de l'œuvre du maître leur impose,
et ils se démentent secrètement et sans profit,
et ils ne peuvent arriver à comprendre com-

ment leur peut forcer le respect un homme
« qui ne sait pas dessiner ». Cette incom-
préhension de leur âme montre nettement la
fausseté de cette enquête, son inutilité, sa
profanation des meilleures joies. Le cas de
Berlioz n'est-il pas aussi probant ? Et la honte
du dilettantisme et de l'analyse n'apparaît-
elle point alors que, retournant les rôles,
l'œuvre d'un Meissonier s'offre à l'examen
critique, vierge de fautes de forme [1], mais
d'idéation nulle ? L'affirmation inévitable du
talent heurte alors douloureusement l'âme
insatisfaite, qui s'insurge contre l'esprit.

Qui nous rendra libres des classifications
et des estimations? Nous ne savons jamais
rien. Le talent même nous est difficilement
certifiable malgré les méthodes ; et notre
sensibilité réagit si fortement sur nos plus
invétérées habitudes de logique, que nous
bouleversons nos certitudes de la minute an-
térieure pour en dénier le bénéfice à l'œuvre

---

[1] Et encore !

qui ne nous passionna point. Alors même que, hors toute sympathie avec un auteur, nous nous voyons réduits à assurer qu'il ne commit aucune faute dans sa composition, que le manque d'intérêt fut dû aux éléments mêmes qu'il employa, et non point à leur incorrecte juxtaposition, nous nous refusons à accorder à ces qualités que nous prisons et préconisons en d'autres instants une importance supérieure à celle d'un devoir de collégiens, tant nos codes du beau sont misérables et esclaves du vent sur les feuilles, d'un cristal, d'une main veinée, d'un son, et des nombreuses et incalculables conjonctures de la destinée et du hasard.

Cette poursuite inique d'une satisfaction du raisonnement exclusive de la joie de l'instinct nous a menés à requérir maladivement de chaque œuvre une estimation de son auteur, et c'est de là que s'est amoindri progressivement le plaisir de la lecture, qui était aussi doux que le spectacle d'une nudité sans défaut, et recélait un charme certain. Nous

lisons difficilement pour savourer une jouissance, mais notre esprit s'ingénie à évaluer
aussitôt la situation de l'écrivain, et à le comparer aux autres. Or, toute comparaison est
anti-esthétique.

La comparaison est abominable, et l'une
des calamités humaines les plus sacrilèges et
les plus atroces. Nous sommes entraînés à
tuer toutes nos joies par la comparaison : le
regret d'une grâce supérieure, la haine d'une
plus infime, se balancent en nous-mêmes.
Jamais nous ne parvenons, possédés de ce
vice misérable, à goûter paisiblement l'avantage présent, mais nous nous agitons dans le
vide, et nous ressuscitons les cadavres de nos
impressions. Répugnante besogne, d'être nos
propres fossoyeurs ! Jamais je ne haïrai assez
violemment ce vampirisme irrémédiable, qui
nous suce tout vivants, et dans l'instant le
plus admirable de notre vie, en le moment
où notre âme s'exalte éperdument à la recherche d'une exquisité plus haute ! Nous
remontons le courant de la nature, et toute

la vie nous dément et nous chasse, comme
Adam et Ève du paradis. Tout érige un
exemple contraire, et les choses ne nous
enseignent jamais un retour sur l'impression
et une comparaison, mais bien l'évolution
discontinue des contacts. Nous nageons cri-
minellement vers le point d'où nous partîmes,
et nous nous lamentons avec indignité sur la
décrépitude de nos sentiments, semblables à
des vieillards lubriques qui gémiraient de
voir se flétrir leurs anciennes maîtresses au
lieu d'en désirer de nouvelles.

Notre logique est faite entièrement contre
le sens du monde, et elle n'a que le prestige
négligeable d'un organisme faussé méthodi-
quement. Elle est pareille, en intérêt et en
beauté, aux savantes inflexions d'un clown
marchant la tête en bas. Et si elle donne à
notre désœuvrement les satisfactions d'un jeu
artificiel et curieusement ornementé, elle
devient horrible dès qu'elle touche à ce que
nous aimons.

Notre besoin de nous satisfaire de cette

malheureuse association de la comparaison et de l'impression est devenu si aigu, que nous avons presque totalement perdu le sens du talent : et un signe secret en est notre abus pitoyable du mot *chef-d'œuvre* que nous appliquons à tort et à travers, et sur lequel personne de nous ne peut se consentir.

Il nous arrive fréquemment, et surtout en notre génération où la connaissance du métier est devenue incroyable, de rencontrer des œuvres parfaitement composées, pensées et écrites, et de leur donner le nom de chefs-d'œuvre. Insensiblement, nous cédons à cet attrait apparent, et nous nous découvrons une entière bonne foi d'opinion. Et cependant, nous nous trompons, et nous le sentons confusément, et nous souffrons de n'en pouvoir deviner la cause. Elle est uniquement dans le dérèglement de notre goût à lire : car les habitudes de comparaison et de classification des auteurs nous ont tyrannisés au point de nous obliger désormais, sitôt un livre assimilé, à faire siéger son auteur en notre esprit à côté

d'un autre. Et comme cette détestable recherche ne se sépare plus de notre impression,
mais s'y juxtapose, et se produit concurrem-
ment, notre goût dévie sous l'influence de
notre enthousiasme, et le peu de lucidité que
nous pouvons apporter dans l'estimation des
mérites se ternit de tout le contact de notre
momentanée sympathie, en sorte que nous
arrivons à cette absurdité : savoir gré à une
impression esthétique d'être plus récente
qu'une autre, ce qui est naturel à notre désir
de joie, et fonder là-dessus des principes de
comparaison qui supposent essentiellement
une totale impartialité.

Nous avons tellement senti cela, que nous
sommes arrivés à créer le terme misérable et
avilissant de *petits chefs-d'œuvre*, tant nous
comprenions qu'il ne peut y avoir cinquante
chefs-d'œuvre en une année, et que nous allions
droit à massacrer toutes nos sympathies et
toutes nos dévotions par cet odieux gaspil-
lage. Ainsi nous sommes parvenus, ou du
moins nous avons cru parvenir à contenter

notre vorace désir en inventant à notre dérèglement intellectuel la pauvre excuse d'une nouvelle classification. Et nous avons pensé remédier à l'infirmité de notre esprit en décrétant en nous-mêmes que telle œuvre de Wagner ou de Flaubert était un chef-d'œuvre, et que telle chanson populaire, par exemple, n'était qu'un « petit chef-d'œuvre ». Détestable invention, message du vide !

Où commence un chef-d'œuvre, où finit-il? Apparaît-il au milieu d'éclairs et de tonnerres, ou se démontre-t-il comme un théorème ? Est-il aussi terrible qu'un événement, ou s'épanouit-il comme un bourgeon ? Surgit-il des solitudes de la prière et de l'instinct, ou naît-il d'un consentement raisonné et universel ? Nous domine-t-il, ou est-il dominé par nous ? L'élisons-nous, ou nous élit-il ? Comment décidons-nous de sa présence, et dégage-t-il une influence fluidique ? Et la dégage-t-il, ou si elle vient de nous-mêmes ? Le conquérons-nous sur les plaines stériles de l'attente, ou fond-il sur nous comme un condor? Non, toutes ces choses ne se peuvent résoudre que dans le silence, et il faut nous évader des catégories. Car il ne doit pas y avoir de catégories, et toute mémoire et toute juxtaposition est un haïssable fléau : il n'y a qu'une route droite et infinie, où nous cheminons vers la vieille auberge de l'Éros au carquois, ou vers l'enseigne du compas, du livre ouvert, de la branche de houx, selon que nous orientons notre esprit vers telle ou telle illusion : et l'assentiment de notre esprit ne se dose pas comme un élixir, mais il s'affirme conforme en sa non-limite à la palpitation de la matière active et universelle.

NOTES SUR DES ARTS FUTURS

NOTES SUR DES ARTS FUTURS

Il est des genèses lentes et postérieures,
dans l'esprit comme dans l'univers. Il est des
arts que nous n'apercevrons jamais, il est des
morales que nous ne soupçonnerons pas dans
le cours des siècles : il en est que nous commençons à pressentir. Nulle création n'est
fixe, mais progressive, et nous ignorons le
sens exact du mot simultanéité, parce que
nous ne pouvons mesurer le temps. Ainsi des
étoiles dont certaines commencent seulement
à nous luire, dont d'autres nous apparaîtront
dans un délai donné, d'autres dans une destinée immensurable — ainsi des esthésies,
et la genèse de notre conscience transforme
en arts des notions morales, en un labeur

sous-jacent, éternel, et soustrait aux appréciations de notre logique, en une élaboration insaisissable comme les manifestations du ciel, le visage épouvantable des montagnes et les linéaments invisibles qui différencient l'horreur de la beauté.

Je pense que certains phénomènes spirituels, jusqu'ici classés dans l'éthique par l'arbitraire de notre raison, commencent lentement de s'en évader et de s'approcher de l'expressivité proprement esthétique. Si je parle plus loin, en cette intention secrète, de la luxure et du sentiment de la mort, je n'entends point prétendre que ces deux notions ne soient, dès longtemps, devenues des éléments d'art, — des composantes de synthèses expressives, et j'avertis que je ne saisis point de différence entre une vertu, une notion morale et un art. Mais seulement je vois dans la mort et dans la luxure une assez considérable dérivation du sensible pour constituer en elles-mêmes et originalement un art, non plus en composantes, mais par leur propre finalité.

Il y a une foule d'arts, les uns de création, les autres de gestes, les autres vitaux. Les uns cachés, muets et terribles, les autres plastiques et heureux. Selon la fuite des préjugés, des sociétés et des climats, ils varient, s'effacent, brillent, comme l'on voit fuir ou se raviver de nouvelles étoiles selon qu'on a délaissé des tropiques pour des mers et des aurores insoupçonnées. Ils montent au zénith de nos conjonctures, et ils apparaissent soudain si évidents, ces transfigurateurs, qu'on oublie qu'ils divinisent les crimes de la veille, et les arts disent toujours le suprême de toute querelle. Personne ne sait si une expression neuve ne s'imposera pas demain pour glorifier une honte présente : ainsi nos points de vue sont plus changeants que des reflets de fanaux lorsqu'on traverse un pont, et nous orientons nos esprits à des clartés qu'ils modifient eux-mêmes sans le savoir.

Nos arts vivent de la misère de nos préjugés, et ils nous vengent, lorsque nous sommes isolés, de tout ce que nous avons accepté en communauté. C'est ainsi que nous ne savons plus identifier nos œuvres à notre vie, et que cette recherche désirable nous est devenue difficile : c'est une étrange angoisse spirituelle, que nous tolérions au nom de la forme dans un dessin de Rops ce que la forme fait naître de protestation basse en notre timidité, dans la vie, et qu'ainsi l'œuvre d'art ne nous serve qu'à excuser « nos vices » parce que nous lui confions le soin de les reproduire, alors que l'honneur serait de rayer le mot et de vénérer en l'œuvre le désir loyal, immortalisé, de notre chair...

Il n'y a ni vices ni vertus, en art et dans la vie, mais des conventions, des affectivités, des états. Nous consentons à accepter l'apparence d'actes qualifiés blâmables ou louables, mais aucune des notions n'est fixe et instituée. Elles évoluent : je ne pense pas qu'elles s'en modifient en force ou en débilité. L'essentiel n'est pas de rejeter les classifications morales des phénomènes, mais d'en nier la permanence et l'institution *a priori*. Nous créons notre morale au même degré d'équilibre que notre mystère et que notre art. Ainsi les arts du vice se renouvellent indéfiniment. Je commence à entrevoir que la luxure sera une vertu et une esthésie de l'époque individualiste, et que par contre la charité sera considérée comme un encouragement à la laideur et une complicité à l'atermoiement de la nécessaire médication sociale. (Je parle de la charité qui fait l'aumône, et dont l'intervention insuffisante embarrasse les rouages, énerve la force de revendication du pauvre, et retarde par une piètre pitié temporaire l'heure de la grande conquête définitive.)

L'art, *amoral*, puise avec indifférence dans le vice et dans la vertu ; il ne se préoccupe pas de l'estimation d'un acte quant à un corps de notions passagèrement concertées, mais de son phénomène et des lois de sa causalité. On va peut-être vers une union plus étroite de la vie et de la création, et il se formera des arts correspondant tout spécialement, et non plus parallèlement, à certaines

saillies caractéristiques du moral de l'écrivain. Oui, j'incline à penser que la luxure,
chez un luxurieux, pourra devenir un art au-
tonome et organisé, non plus une influence
sur ses autres actes.

Car c'est peut-être une orientation moins
contemptrice de notre véritable destin, que
l'utilisation esthétique de nos défaillances, et
la notation de nos variations, soutenue de
l'intime volonté de ne rien repousser hors
de nous-mêmes, et de ne consentir jamais à
l'exil d'un de ces frères intérieurs que nous
formons continûment, et que nous avons
chéris pour nous y être un instant reflétés :
nous ne devons pas avoir horreur de nous-
mêmes, mais nous regarder passer en formes
diverses, et l'on ne s'indigne pas d'une forme,
mais on l'assimile et on s'y retrouve...

Certains arts naîtront de la peur, et d'autres
du toucher des étoffes, et d'autres du regard
des femmes malades et des hallucinations
des objets, et d'autres d'une infinité de pré-
dilections et d'aversions, — tous, du silence.

SUR LA MORT

Ce qu'il y a de plus extraordinaire et de
plus exécrable dans la mort, c'est l'imbécil-
lité où elle nous plonge en riant. Il n'y a
point dans la vie un moment où les sentiments devraient s'affiner davantage, et c'est
l'instant où nous roulons dans la pire banalité et le plus risible étalage de constatations
rudimentaires. Il semble que nous ayons besoin de laideur aux côtés de la mort [1] et que
le défunt ait pris avec lui en souvenir toute
la beauté que ses proches pouvaient recéler.
De même qu'ils revêtent tous la même gue-
nille noire, de même ils s'uniformisent dans
le chiffonnage de déchets de sentiments, et
eux-mêmes sont pareils à des loques. Il n'est
pas de réunion où l'esprit soit plus scanda-
lisé, dérouté, heurté, qu'en une réunion mor-

[1] Maeterlinck dit contrairement : « On a tant besoin de
beauté aux côtés de la mort, » mais au fond nous pensons
de même : lui, exprime notre désir, et moi je songe à notre
fatalité.

tuaire, et c'est l'endroit où le grotesque s'allie plus intimement, plus effrontément à la douleur.

Sans doute le mort possède un magnétisme, une aimantation de beauté, et à l'instant suprême il les met en œuvre et s'approvisionne pour le silence.

Nous sommes comme les domestiques de la mort. Quand elle entre dans une maison, elle se substitue aux parents, nous supplante, nous ravale à être des suiveurs et des laquais. L'impression d'une servitude et d'une déchéance absolue m'a souvent frappé en voyant des parents endeuillés suivre un cortège funéraire. Ils sont polis bassement et n'osent toucher à rien sans le geste d'avoir peur de casser. Moi-même j'ai senti maintes fois dans ma vie à ces moments l'entrée à pas sourds d'une obséquiosité abominable, une diminution de beauté intérieure, une décadence de conscience. Et comme je n'ai, à mon regret, ni croyance en le Dieu de l'Église, ni peur de la mort, je suis venu à me persuader que

seul le défunt avait pu bénéficier de mon abaissement, et qu'il devait, dans le cercueil fermé,
pacifier son visage et l'embellir de toutes les
fiertés qu'il m'avait soustraites.

C'est une chose très heureuse qu'extrêmement peu de gens puissent concevoir symboliquement les événements, parce que si
cela leur était donné, ils se tueraient par
centaines. Si le cycle de symboles qui accom-
pagne le décès d'un petit bourgeois, d'un
passant, était entièrement interprété, la mort
apparaîtrait soudain avec une durée et une
grandeur telle, qu'elle mangerait la moitié
de la vie, qu'elle ferait l'impression physique
d'un rocher gigantesque et intolérable. Mais
heureusement (?) le symbole est peu acces-
sible : et comme il est réservé à une minorité fort restreinte, cette minorité accumule
l'horreur de sa signification — et ainsi, porte-
parole investi de toutes les émotions diffuses
des humbles, un Maeterlinck peut se lever.

Je pressens là quelque chose comme l'utilisation d'une déchéance morale, une trans-

formation en esthétique. Les saints n'ont indiqué qu'une dérivation — le sentiment de la petitesse devant Dieu, et le maître de l'*Intruse* a noté les silences entre le dialogue de l'agonie et des ténèbres. Mais peut-être la méchanceté même de la mort... car elle est. Pourquoi craindrions-nous plus cette parcelle du mystère, et ne la ferions-nous pas servir à une fin plus noble et à une plus hautaine connaissance de nos ressources intérieures?

Il est impossible que nous ne fassions rien de toute la logique terrible de la mort. Car il est constant qu'elle fait de nous des jocrisses : il ne s'échange nulle part autant de sottises que dans un conciliabule de gens pleurant un parent mort — et il faut bien cependant que ces paroles aient un double sens, qu'elles expriment grossièrement et avec un comique glaçant quelque émotion supérieure. Quelqu'un meurt. C'est un fait, c'est extraordinaire et banal. Il n'y a absolument rien à faire, absolument rien du tout : alors on s'en va chacun chez soi. C'est bête à pleurer : cela donne aussi envie de rire. C'est comme la chute d'un vase de lait. Le lait est par terre, c'est fini, il n'y a plus rien à voir : que dire à cela ? Et tout continue d'aller, des gens déjeunent, et le ciel est absolument pareil.

Et cependant il y a quelque chose d'anormal, une immense impropriété. Le mort n'était pas né pour mourir, quelque objet n'est pas en place plus que le vase de lait renversé, un geste n'a pas été fait et devait l'être, que sais-je ? Les visages en larmes ont l'air de rire, on ne distingue pas le rire de l'expression douloureuse, il y a laideur, malentendu. Tout se passe trop simplement pour être simple. Notre âme serait seulement aidée par une circonstance qu'elle monterait à des hauteurs inconnues, car il y a sûrement une force en jeu, une dissemblance incroyable entre le bouleversement de notre esprit et la placidité ridicule de l'événement — mais tout est identique, rien n'arrive...

L'art possible gît dans la distance entre ces

contrastes, aboutit à l'x de leur équation. Rendre cela.

Un signe certain qu'il y a un art possible et un x déterminable, c'est le fétichisme inhérent à la psychologie de l'endeuillé. Partout où il y a fixation, report d'un sentiment sur un objet, il y a promesse d'esthésie. Voilà une chose que je viens de dire, et qui est peut-être réellement une formule. Oui, je pense que l'instinct d'attribuer une majoration de valeur à des objets qui servirent à un défunt est le prodrome d'un essai d'art. En tous cas c'est une tentative directe de symbolisme, et je la constate chez les plus illettrés. Il est évident qu'en toute logique le fétichisme, poussé aux plus ridicules affectations, est absurde chez presque tous les parents d'un trépassé : mais cela même fait pressentir que ces objets, ainsi parés gratuitement d'une importance, commencent de signifier majeurement, et dans un autre ordre d'idéations que celui de leur destination habituelle. Ils sont donc les premières attestations d'une condensation symbolique — des éléments d'art, et quand l'esprit se coordonne spontanément à une matière, c'est infailliblement une tentative de réalisation, une démarche d'esthésie.

SUR LA SENSUALITÉ

Elle est l'ancienne joie de l'humanité, et elle participe de l'art et de notre désir de ce qui est caché. Ses manifestations sont innombrables et son royaume impose l'univers, d'un consentement que les morales utilitaires ne sauront jamais éteindre, esthétique comme le corps de l'homme, éducatrice des formes...

... J'aime l'étrange buée qui monte des pavés luisants à la fin des journées pluvieuses de novembre. C'est la mélancolique gaze polluée du voile de la chère luxure. Alors les femmes aux lèvres rouges, et les pâles vagabonds pensifs dont la puberté fatigue les traits, vont brûlant de l'éclair sec de leurs regards levés des phrases écrites aux murailles, de ces grandes gauches écritures d'école dont la banale netteté rend plus imprévu le trouble recélé au sens qu'elles fixèrent. O les mots sur les murs baisés par les yeux des femmes câlines ! Une humidité chaude rend plus moites les chairs secrètes, évoque l'étuve où l'on se dénude : l'odeur excitante et vraiment passionnelle de la boue éveille des parfums de stupres inachevés et frémissants. Les cheveux collent leurs ondulations aux tempes mouillées, les nuques mûrissent comme des fruits d'ambre dans l'évasement des collets, les jupes rythment sur les reins de chers tressaillements, et lorsque les gouttes d'orage, rares, tièdes, visqueuses, exquises, tombent sur les mains et sur le visage ainsi qu'une liqueur au puissant arome alanguissant, une défaillance alourdit les paupières sur les prunelles, les regards se reposent les uns aux autres en de muets et complices aveux, et la pluie luxurieuse et féconde pleut des matrices du ciel sur les cités stériles.

Quand, ces chers soirs, elle descend avec le crépuscule dans mon âme lassée, tandis que je piétine en les tristes rues l'invisible crapaud qui coasse sous moi pour jamais, mon cœur s'attise, et je songe que la chaleur sexuelle flambera dans mon oubli. Les yeux clairs viennent droit à mon incertitude, causerie taciturne, alliance : je savoure les gestes humains aux sept sens superposés, et je connais furtivement, en des ombres recéleuses d'un attirant péril, ou dans tel hasardeux réduit, le sexe de l'être — car l'être, c'est pour mon rêve la forme de chair inchoisie dont les prunelles froides, sablées tout au fond d'un sable trouble, reflètent la pluie et la boue symboliques où mon âme confie sa joie. O nuages dilués en fins cheveux de ma chère luxure, nuages arrondis comme ses hanches : ô chaude buée des quais obscurs, ô murs où le mystère impur se révéla sous les doigts d'enfants précoces, chers désireurs féroces des mamelles ridées de la vieille Vie.

Toute la cruauté inconsciente de la femme apparaît dans sa gaîté. C'est là que se révèle un motif inusité d'esthétique, ce que j'appellerai en vérité une force de la nature : car cette cruauté s'allie à la douceur de caresse où la femme excelle, et jusqu'à la conception même qu'elle se peut former de la bonté, et travaille par-dessus elle. Il est décrété qu'une parole de femme blesse toujours une âme lointaine ou présente : et quand l'instinct de satisfaction sensuelle, le seul permanent qu'elle possède, ne contraint point la femme à blesser, cela cependant arrive. A ces heures-là, ne l'ayant point voulu, elle en demeure gênée : au point qu'après quelques minutes elle s'efforce, ayant malaxé en son esprit quelque sensiblerie, une attitude de consolatrice péruginesque et tels vocables édulcorés, de réparer une parole cruelle qui ne vint pas d'elle, car en plaisantant elle ne voulait pas, de bonne foi, mettre des griffes aux gestes ailés de sa gaîté. Et de plus : *elle n'a pas appris à réparer, parce qu'on ne lui a jamais appris qu'elle commet.*

Ainsi elle fait, elle si fine, une double mala-
dresse : elle y est contrainte, et l'on voit clairement qu'en cette minute où involontairement
elle blessa, elle était dominée par une idée,
celle du sexe, celle qui a fait se lever Dalila,
Judith ou Hérodias, en Orient...

[— [1] Ses paroles de douceur, s'excusant de
n'avoir rien fait (elle m'avait plaisanté sans
intention de me meurtrir, et pourtant...),
ses paroles embarrassées, et ses pauvres beaux
et profonds yeux me laissaient voir que *l'idée
d'elles toutes* avait jailli derrière et au-dessus
d'elle, et qu'elle le sentait..

J'avais envie de lui expliquer cela, tant je
la voyais nerveuse — elles aiment s'occuper,
être admises à s'apitoyer du mal qu'elles firent.
Je ne lui gardais, sincèrement, nul ressenti-
ment : elle semblait pourtant s'y attendre.
Étrange façon qu'elles ont de distribuer dans
leur vie la part de remords qui leur revient !

[1] *Fragment de journal.*

Dire que peut-être elle a fané des âmes sur son passage et que nul grief ne lui paraît la concerner! Et quand l'idée dont elle émane pour une infinité de fois depuis Ève la forçait à me meurtrir, dans le moment même où elle y pensait le moins, elle soupçonne que je lui garde quelque haine. C'est peut-être la seule minute où je ne dois pas lui en garder.]

Au fond, je *les* crois rudimentaires. Un trait d'elles suffit : Elles se croient responsables de ce qui est *l'idée de la femme*, y trouvant le compte de leur vanité, et elles rejettent brutalement, et comme fortes d'un droit, la responsabilité des déperditions d'intellectualité qu'elles causèrent expressément par leurs actes. Elles ne savent pas retrouver ce qui est de leur personnalité et ce qui vient de leur tradition. Manque de notion de soi, faiblesse malgré l'égoïsme.

Ne pas craindre (avec l'habitude, ce n'est pas à craindre). Elles sont nées esclaves, la preuve est qu'elles *séduisent* (leur moyen). On

ne séduit qu'un maître. On *n'usurpe en riant
les hommages divins* que dominé par un désir.
L'homme en tient lieu. Ah! que les prostituées
sont libres [1]!

Il y a là un art, dans cette irresponsabilité.
On les rend toujours responsables, on en
fait des *femmes fatales :* ce sont elles qui sont
des jouets de la fatalité. Quelle série future
de psychologies!

Presque tout le tragique s'incarne dans
l'attouchement humain. De profonds drames,
nombre d'émotions intérieures magnifient
l'acte éternel.

Je voudrais présenter une défense de la
luxure, si elle avait besoin d'être défendue
près de ceux qui comprennent les choses, et
si cela pouvait modifier l'opinion de ceux
qui ne les comprennent point. Mais la sen-
sualité est si mêlée à l'esthétique depuis les
origines, et elle trône si royalement, que

[1] *Bérénice,* libres, et dans la vie *Petite-Secousse,* elles en
sont toutes là.

seuls la peuvent vénérer en son vrai sens et
sa beauté réelle ceux-là qui connaissent encore
le lamentable et princier destin de s'inquiéter
de la beauté. On n'a jamais compris l'amour
qu'entre une infime minorité d'esprits — cet
amour qui n'est pas la fécondation ni une
hygiène basse, mais un art.....

Le contact de la peau désirante a un sens
éthique. Il n'y a pas de non-valeur intellectuelle dans la possession, mais elle touche à
plusieurs intimes joies de la pensée. C'est
pourquoi la perversité m'est chère. Il s'y faut
appliquer avec un soin violent. Nous ignorons si elle n'est pas tout l'antique amour et
l'immémorial instinct. Car les guirlandes de
la fatuité galante, le bouquet artificiel du
« chaste abandon » et l'inharmonieux baiser que le fade oranger des défaillances légi-
timées donne, en une même cueillaison, aux
sombres pavots de la langueur impure, tout
cet apparat et tous ces fards ne rendent pas
moins soucieux, abstrait et terrible le front
de l'ancien Éros : insensible aux commen-

taires, du fond des siècles il parle selon les pareilles fatalités. Il veut l'ombre, la dévotion intérieure, et la vie hypocrite, pour qui tout dépositaire de grandeur est haïssable, se défie de ses fervents épars.

Il faut aimer présentement la luxure, parce qu'elle est absorbante, dangereuse, triste et méditative comme les vertus que nous commençons à élever sur l'illusion des morales mortes. Toute source de mélancolie charme le Narcisse qu'est devenu l'être pensant, et toute connaissance nous sera précieuse, qui sollicitera la tension de notre esprit, la découverte d'une nouvelle solitude, et une gravité. Un art renaîtra peut-être plus vivace et pur, après l'abaissement naturaliste des sexualités, et il saura combien la perversité est intellectuellement féconde. C'en est la marque indéniable, que la plaisanterie grivoise et le hideux rire de la paillardise nous soient devenus odieux. A nos lèvres Baudelaire interdit ce rire pour l'éternité. Dans les prunelles des femmes pâmées, nous ne savons pas lire des bouffonneries, mais le paysage d'une âme, et l'éternel décret identifiant les êtres en une même prescience de l'inconnu, y paraissent passagèrement : et cela suffit pour un triste respect.

Le mystère du corps est profond, et les poètes savent que les mots qui l'expriment sont beaux.

Le stupre, la luxure et l'obscène ne font point rire, mais nous y savourons, après les contacts, le goût de l'inexpliqué que nous pressentîmes peut-être, à cette minute où l'on n'est plus soi, mais une projection exaltée hors de soi, et où l'on se regarde être double. Ces choses obscures touchent à une communion, et vraiment toute eucharistie doit être belle et pure. Comme tous les arts du silence, la luxure nécessite une pudeur : et la pudeur parle lorsque la chair s'est tue. Aussi les passionnés d'abstrait sont-ils des luxurieux par excellence, et toute grossière gaieté nous blesse-t-elle, lorsque nous parlons de choses obscènes : car nous vénérons notre corps pour ce qu'il nous fait deviner d'absolu dans son émoi. Ainsi tout le cortège des anciennes prostitutions et l'attirant essaim des vices venus des époques heureuses errent dans nos rêves somnolents de souvenirs, et nous baisons la Joconde dans toute femme rencontrée. Le mystère du corps est beau.

La luxure est pudique. Qu'on ne songe pas à un paradoxe, mais que l'on s'interroge dans l'eau morte de la mémoire. Désireuse éternelle d'isolement, elle aime l'ombre et le songe savant, cette vertu calomniée, elle veut, cette donneuse d'oubli, l'exacte étude de soi-même, comme la vertu et l'éthique, comme l'art. Elle n'est point un acte, mais la brume de sensibilité qui l'esthétise, et son baume de clémence y transsude avec lenteur.

Une vertu, certes. Ses fervents ne peuvent que haïr la vénalité, sans l'excuser même selon la pliante convention des mœurs contemporaines, car le sentiment jaillit d'un sacerdoce profané. Nous ne sommes que des prostitués à l'attouchement de la nature, et s'abandonner au ciel étoilé est une sensation aussi aiguë pour l'artiste que, pour une femme, se dédier à un désireur de la chair.

Combinaison subtile d'ardeur et de froideur, de ce qu'un corps humain peut donner de dissonances et d'accords imprévus, science indubitable! Elle passionne l'esprit et délecte les sens. Qui saura le rêve de luxure du méditatif idéologue? Elle est si princièrement riche en songes, qu'elle atteint à la pureté : comme la poésie, elle exalte l'œuvre cérébral presque jusqu'à l'oubli de l'œuvre physique. Elle proteste contre la grimace du sourire, et l'égrillardise révoltante : elle donne le goût des formes, le respect des modelés et des admirables intimités du corps, l'amour de l'arome et la connaissance des touchers. Elle est une science expérimentale et un art, exacte comme une harmonie, séduisante comme une analyse, farouche comme un orgueil, enfantine et bonne comme un jeu. Une charité naît d'elle, les êtres nés pour la luxure ne le cèdent point en beauté aux êtres nés pour l'art : comme eux ils discernent les voies simples de l'instinct, comme eux ils sont des forces, comme eux ils reculent hors de la vie sociale et s'érigent par leur principe secret en face des devoirs enseignés.

Partout où le conflit s'apprête de la réglementation utilitaire de la vie étroite avec l'instinct, la toute-puissance de celui-ci l'élève jusqu'à la moralité vraie. Si les instinctifs causent des calamités autour d'eux, les hommes ne s'y froissent que pour n'avoir pas osé être complètement eux-mêmes : semblable à la beauté, elle permane, s'édifie au milieu des hommes comme une promesse, cette luxure ; passion, maîtresse logique de la raison. La charité du corps est altière, et c'en est le signe infaillible, qu'il n'y ait point place en cette civilisation pour une femme qui s'offre, mais seulement pour celles qui se refusent ou se vendent. Je ne vois pas que l'art ait un autre destin, et je sais que la luxure veut l'ombre, l'étude de soi, le silence, la gravité et la charité, comme l'art. Elle est vêtue de la joie de se donner, le rire lui fait mal, la polissonnerie la révolte, l'argent glacerait sa chair fiévreuse, la maison close l'étiolerait comme le feu derrière les grilles ; elle se confie à l'harmonie naturelle, et sa vertu est faite d'impudeur, ainsi que le printemps.

O luxure, hellénique générosité dans une société desséchée où le divin désir a honte de soi ! Calme des fièvres, confidente des larmes, antidote des hypocrisies, art et morale promis à la gloire future ! La souplesse te plaît d'un corps dans une chambre, de la chair sur les étoffes : tu décides des attitudes des plantes frêles, du trouble muet qui naît des nuages, du mystère des cheveux ployés, de la songerie des petites filles au crépuscule quand les miroirs deviennent plus insondables. Tu es comme un édifice spacieux et ordonné. Dans les fins d'après-midi, dans ces chères journées embaumées de fleurs mouillées, au fond des appartements sourds, tu confies le rite secret de la nudité aux yeux troubles. Vous êtes bien l'art éternel et la bonne promesse, sensations indécises et mourantes, hésitations impures des mains d'enfants ensommeillées et vous, artifices bienfaisants, et vous, tristesses séculaires où vient mourir en sanglotants baisers l'espalier des lèvres de l'automne, et vous, chantants murmures où l'âme défaillante s'avoue, parmi la douceur du délire, oublieuse du geste du temps ! Vous encore, consentements à ces ailes idéales qu'éploie un souffle de dormeuse, harmonieux sourires de l'oubli penché sur les faces pâles d'avoir trop aimé dans le soir muet, lorsque les folioles se haussent pour rosir un peu encore au soleil fatigué qui s'en va : et vous, éveils parmi les chevelures, quand à l'aube blessée soudainement se révèle, dans des feuillages de matinales nuées, la brûlante orange d'outre-mer ! Vous êtes l'art et la fière consolation, cérémonials ! Et mon esprit vous aime et va vers les lèvres miséricor-

dieuses de la charitable luxure, qui est noble,
et présentement la plus insultée, hautaine et
difficile des vertus, qui nous révèle à nous-
mêmes, conseille les yeux des enfants, et
causera peut-être le suprême geste gracieux
des hordes dégénérées de l'humanité.

SUR L'INTERPRÉTATION DES SONGES

Il y a infiniment de sortes de songes. Les
uns nous viennent dans le sommeil, les
autres se lèvent devant nous lorsque nous
nous croyons éveillés. Il est audacieux de
dire que nos yeux voient quand ils sont ouverts, et ne voient point quand ils sont clos ;
car le contraire arrive fréquemment, ou plutôt nous ne pouvons nous entendre avec précision sur ce que c'est que *voir*. Et d'ailleurs
sur quoi pouvons-nous tomber d'accord, une
fois de plus je le demande, sinon sur ces
choses dont il est convenu entre les hommes
de ne s'entretenir jamais?

Nous voyons selon plusieurs plans, et nous

pénétrons avec nos regards plusieurs modalités de la substance et non point une seule.
Ainsi nos yeux peuvent suivre dans la rue,
et sans cesser de percevoir au travers des
êtres réels — ou soi-disant tels, — un fantôme, ou quelque spectacle dont le détail se
superpose aux détails de la vie passante sans
s'y anéantir non plus que les supprimer.

Je pose une question terrible : *Qui* suivons-
nous dans la rue quand nous songeons et que
nous marchons *sans but?*

Peut-être ne poursuivons-nous à ces instants que l'un des êtres que nous serons
ultérieurement. Il nous présente une forme
que nous dessinons avec lucidité en notre
cerveau, et dont pourtant l'analyse est défendue à notre parole. On nous dit alors que
nous rêvons les yeux ouverts : et c'est la
minute où nous sommes en cet état de cata-
lepsie étrange que l'on désigne sous le nom
de songe ou de rêve. Et peut-être n'est-ce
que la matérialisation momentanée et perceptible de notre idéation, et la vie d'un artiste

imaginatif n'est-elle qu'une longue série continue de surgissements individuels.

Mais quand nos yeux sont clos dans l'obscurité, est-ce un souvenir ou un présage, l'obsédant cortège des formes apparues en hallucination ? Nous poursuivons-nous dans le passé ou dans l'avenir, nous prévoyons-nous, ou bien sont-ce nos pensées de jadis qui nous effraient comme des statues de colère ? Y a-t-il une dissemblable signification au rêve de la nuit et au songe du jour, et qu'est-ce qui est de nous-mêmes, et qu'est-ce qui est du dehors de nous-mêmes ? Et si ces formes ne naissent pas de notre nuit ou de notre aurore spirituelle, d'où naissent-elles et selon quel ordre ? C'est là ce que je voudrais déterminer, et la genèse d'un art futur, qui sera trouble et beau comme une étoile dans un miroir.

Les termes d'opacité et de translucidité n'ont pas plus de sens rigoureux que ceux de matériel et d'immatériel, de naturel et de surnaturel. Ainsi les êtres que nous voyons

par transparence, et dont nous imaginons le
visage lorsque nous marchons en plein jour,
tout en percevant aisément les rues .et les
passants à travers leurs silhouettes, ces êtres
ne sont peut-être pas moins substantiels que
nous-mêmes. Et ceux qui dans le sommeil
nous apparaissent en luminosités sont sans
doute aussi réels. Car notre continuel effort
de perception des formes de la substance doit
avoir un effet de récurrence : et lorsque nous
cessons de classer nos impressions, la matière rejaillit en quelque sorte, étant délivrée
de la pression de notre esprit, et rebondit
vers nous en désarroi, en nous rejetant au
visage l'empreinte que nous lui avions im-
posée. Ainsi ces spectacles nous ressaisissent
et comme ils furent composés par nous, notre
vision s'y reconnaît, mais déformée et sans
harmonie : et peut-être vraiment ne rêvons-
nous jamais que de nous-mêmes.

Au reste nous nous connaissons extrêmement peu et il monte au fond de nous des
milliers d'êtres peu familiers. Leur vue, et

l'étonnement organique d'une apparition où le raisonnement n'intervient pas, voilà deux suffisants motifs d'imaginer l'intervention de créatures d'un autre monde. Car nous sommes si accoutumés à modeler nos perceptions sur une sorte de charpente de logique, ou à transformer nos acquits de sensibilité en notions construites *a posteriori*, que l'état de sommeil, où notre sensibilité veille seule et libre, permet un choc en retour des impressions pures et simples, et qu'à ces minutes de contact direct la substance nous apparaît dès lors tout autre, et surprenante.

Ces formes non transposées, au premier état de la connaissance, doivent s'orienter suivant des lois harmoniques : car leur harmonie, pour être différente de la nôtre, n'en est pas moins nécessaire, comme en tout agencement de lignes. Ainsi une interprétation esthétique des formes du songe est-elle prévisible, alors qu'une détermination plus parfaite de la limite de la personnalité sera fixée. Et la différenciation des formes que nous voyons le jour, en état de veille, et de celles que nous présente l'obscurité lorsque nous dormons, sera aussi l'objet d'une évaluation graduelle. Il importe en effet de savoir jusqu'à quel point cette interposition de formes entre nos yeux et les objets se doit distinguer de la faculté, commune aux peintres, d'idéation anticipée d'un tableau dont leur geste trace nettement dans l'air toute la composition.

Encore faudra-t-il songer que nous rêvons parfois des sonorités. L'onde sonore est une partie de l substance, un de ses modes comme le granit en est un autre : et l'audition d'une symphonie excite peut-être nos perceptions comme le déroulement d'un paysage, et il serait simple alors de penser que la matière, malgré toutes les apparences, est aussi indéniable dans la musique que dans la peinture...

Interpréter la matière selon le contact direct de nos sensations, c'est rêver. Transposer en notions de composition, c'est parfaire une œuvre d'art. L'un et l'autre s'influenceront peut-être avec une plus grande intuition, avec une subtilité inconnue; et plus la sensibilité se confondra avec la logique, dans l'élaboration d'un individualisme absolu, plus les modes d'organisation sensorielle deviendront transparents, plus les cadres s'atténueront. Peut-être la raison se superposera à l'instinct comme une glace sur une peinture, et non plus comme un volet.

Il y a une foule de choses qui ne sont pas plus claires que les rêves, et dont nous ne nous étonnons pourtant point. Cette ombre que nous traînons à nos pieds, comme un cadavre sans yeux, que nous rejetons derrière nous comme le fantôme de notre passé, comme une peau d'où nous surgirions perpétuellement neufs, voilà une chose terrible et extraordinaire dont nous négligeons ne nous occuper, alors que le moindre souvenir confus dans le somme il nous apparaît épouvantant. Il ne faut pas plus nous étonner

des songes, que je ne puis concevoir des avertissements d'un autre monde, mais des jeux
tragiques ou rieurs de notre sensibilité, con-
tenue tout le jour par le souci d'utilisation
organique des impressions. Et certes le pressentiment existe, car nous sommes prévenus
de notre destinée, et, relativement, nous
avons peut-être plus de certitude du futur
que du passé, et de prévision que de mémoire.
Mais d'où le pressentiment, sinon du tréfonds
de notre conscience ? Je le vois comme la
leçon que nous apprenons de la substance,
comme l'enseignement des évolutions et la prophétie des contacts, un don de ce qui est perçu
et comme la réserve spirituelle de notre connaissance — ce que nous n'utilisons pas
immédiatement dans la nourriture de la perception. Non, il n'y a rien hors nous-mêmes,
parce que nous-mêmes ne sommes pas limi-
tés, parce que nous nous sentons vastes
comme la mer ou restreints comme un grain
de sable, ou tout à la fois vastes et restreints
comme une étoile, selon le cri ou le chucho-

tement de notre raison intérieure : nous sommes le dehors et le dedans, nous sommes des reflets de ce qui est et de ce qui fut ou sera, nous ne savons pas avec certitude à quel point nous situer, et les formes qui nous hantent le jour et la nuit rentrent sous notre pleine juridiction, nous les retrouvons sur nos portraits de jadis, nous les imposons aux visages de nos amis, nous y connaissons la horde future de nos fantômes, et l'interprétation de nos songes n'est point l'étude d'une morphologie extensive, mais toujours une découverte de l'éternelle intuition, un formulaire inusité de nous-même, une conquête de notre spectre présent dressant l'obstacle de son opacité sur la transparence de nos évolutions futures.

FRONTISPICE

D'UN DRAME IDÉAL

FRONTISPICE D'UN DRAME IDÉAL

Le drame... Peut-être est-ce l'éclaircie après
l'orage, un jeu plus lucide des passions,
l'apaisement de notre nature parvenant à se
découvrir ; je ne le vois qu'idéalement, et
comme une fin esthétique de notre impulsion
secrète, le mot suprême de notre énonciation,
et plus complètement que toute psychologie le
confident de notre paysage spirituel.

L'intervention du personnage vivant, la
convention de la foule, voilà deux profonds
caractères d'un acte moral, d'une foi, d'un
culte — celui de l'homme. Je ne puis me
défendre de saisir ici un symptôme vivace de
l'union de l'esthétique à l'éthique, de la fusion
de ces deux manifestations en le Beau. Le
silence coutumier de l'artiste devant son

tableau, son poème ou sa statue doit cesser
ici : il faut qu'il parle, qu'il descende parmi
les étrangers, qu'il élève la voix, et que
l'homme se manifeste en lui entièrement,
agissant et exprimant selon la même volonté,
et dans sa plénitude de force et de libération.
Il faut qu'il s'énonce, le poète, alors qu'il
n'évoque plus la matière, mais la modèle
toute vive, alors qu'il ne sculpte plus l'idée
des objets, mais cisèle sa propre image en
pleine chair. Il vient vers la foule. Et comme
il est sorti d'elle pour annoncer quelque
chose, il faut, pour la passionner, qu'il la
persuade qu'elle n'a devant elle que sa pensée intérieure, ce qu'elle ne disait pas pour
mille raisons passagères — son essence. Car
l'approbation, et l'intérêt que nous portons
à ce qui nous est dit, gisent en ce que nous
nous y retrouvons agrandis et libérés : nous
ne nous intéressons jamais qu'à nous-mêmes,
et à l'amalgame des sujets de sensibilité au
domaine sans cesse élargi de notre sensible.
Aucun fait ne nous est étranger, et aucune

parole n'est prononcée, que nous ne la fassions aussitôt nôtre — autrement nous nous éloignons désappointés. Ainsi le poète, par le moyen du drame, nous révèle une contrée inconnue de notre conscience, et il le fait mieux que par tous les autres arts, en déposant ce nouveau trésor dans un être vivant, l'acteur, sur lequel toutes les formes esthétiques se viennent unir ; et nous nous délivrons en cette parole, sous le couvert de la convention, de tout ce que nous portions en nous-mêmes diffusément. De la sorte, nous nous manifestons : libérant des amoindrissantes compromissions et de la nécessité journalière un être choisi, qui n'est que le dépositaire de notre beauté, nous touchons à notre énonciation, et nous nous passionnons pour nous-mêmes. Acte d'anarchie indubitable ! Dans le héros du drame, nous retrouvons nos gestes et nos clameurs, nous le suivons, nous l'aimons, il nous entraîne là où nous voulions aller, nous abolissons avec lui les contentions momentanées, jusqu'à ce que le suprême mirage s'évanouisse avec la dernière parole, et que disparaisse le fantôme de notre intérieure réalité, dissous selon le prestige de la fable en un consolant souvenir. Il entretient en nous le sentiment de notre destinée, notre protestation contre les urgences quotidiennes, une révolte, mais surtout la souriante sérénité, la coquette certitude que c'est là nous-mêmes, et que le reste n'est qu'un consentement.

Ce surgissement de notre véritable nature, ce message de notre esprit à notre corps, cette école de suprématie, j'y vois le drame, et toute la morale, et l'anarchie intellectuelle. Il est naturel que l'art, coalisant toutes ses ressources d'expression, ne se concentre qu'à la fin de nous manifester, c'est-à-dire de nous délivrer. Et l'essentiel n'est point que nous le soyons matériellement, mais moralement et que nous nous révélions intentionnels — car il n'y a de profitable que les hypothèses. Ainsi une société, si abominable et tyrannique qu'elle soit en principe, n'a pu bannir cette forme intellectuelle de révolte, et l'art triomphe encore et toujours, rendant inviolable ce refuge, sous le prétexte qu'il y a fiction. Et c'est précisément parce qu'il y a fiction, invention, que nous nous *inventons* librement au-dessus des contraintes qui nous classifient et nous *prévoient*.

Cette automanifestation du poète en le drame enjoint d'abord de négliger toute situation dans le passé chronologique, et l'élection déterminée d'un lieu. Chacune de ces conditions implique en effet l'acceptation d'une société, partant l'intervention de l'histoire, et son influence sur le développement individuel. Or c'est le fait d'un art analytique d'utiliser et de colliger les effets de cette influence ; qu'il soit étude ou roman, l'art descriptif s'alimente aux sources vives de la sociabilité. Mais le devoir de l'art synthétique est différent.

Il n'est qu'un sujet de drame : l'homme et son jeu avec la nature, car il s'agit ici de parler le langage de la sensibilité, et non point celui de l'intelligence, et il ne faut point s'adresser à la mémoire des faits en eux-mêmes, mais de l'émotion qu'ils causèrent, et de cela seulement. Comme dans la poésie pure — dont le drame avant toutes choses participe, ainsi que dans la musique, il n'est point question de comparaison, mais d'allusion encore et toujours ! Et l'hérédité transparaît dans l'homme à travers les déformations de sa propre sensibilité. Ainsi il faut émouvoir en exprimant, et non point en rétraçant, et ce qui est un fondement sûr pour l'art d'analyse est un pernicieux appui pour l'art de concentration. Or, le drame est l'effort suprême de cet art, par son destin même. Le personnage existe aux fins de représenter la foule, dont le poète est tout ensemble l'inspirateur et l'intermédiaire ; et tout doit converger vers le personnage, de même que tous les événements en leurs effets se déforment pour converger vers notre puissance émotive.

Le personnage n'a pas sa fin en soi comme

un être vivant, sans quoi il n'y a pas plus art que dans la reproduction de la nature. Le drame qui se fonde sur une époque historique, et se situe dans un pays, est une représentation d'âmes mortes, un défilé d'ombres, ou une parade de personnages aux costumes d'emprunt, qui s'amusent en notre présence à quelque débat. Mais il n'y a plus invention, et nous ne nous recréons plus en nous-mêmes, nous ne nous touchons plus, ainsi qu'un groupe arrêté dans la rue n'est pas nous-mêmes : nous ne sommes plus conviés au spectacle de notre esprit rendu visible et évoluant, conquérant d'une idéale liberté. Le but du théâtre est déplacé : nous assistons à une chronique animée, à une résurrection archéologique plus ou moins intéressante, où notre mémoire se passionne seule, où notre curiosité de mœurs oubliées, mais non point, ou par accidentels éclairs d'humanité, notre goût d'émotion et notre éternel besoin de nous retrouver.

Il faut que nous le sentions, ce personnage, *destiné à quelque conclusion*, prêt à parler selon notre cœur, et venu dans un seul dessein — et c'est le secret de notre sympathie. *Ainsi il doit attirer à lui toute la fable qui n'est que son motif, son prétexte à parler. La fable en elle-même n'est point le vrai sujet, mais comme le décor du sujet réel qui est le porte-parole :* et j'aime dire dans cette seule phrase tout ce que je sens monter en moi de désaveu pour la comédie d'intrigue, par exemple, qui fait de l'affabulation la grande affaire, et y introduit complémentairement le personnage — dégradant ainsi par le jeu des circonstances et reléguant parmi les décors animés l'être humain que viennent contempler les hommes.

Que l'on sente que le héros est venu non point en lui-même pour se proposer en spectacle, mais pour l'accomplissement d'une destinée. Ses gestes trouvent là seulement leur sens. Autrement, c'est se réduire au genre bâtard de la comédie de caractère. Celle-là immobilise la passion dans le courant évolutif de la société, elle la suspend, et la saisit figée pour la concentrer en une fausse synthèse. Elle arrête des passants et les exhibe en les présentant comme symboles des autres, tout en négligeant de les transformer vraiment en exemples, de les débarrasser de ce qu'il y a de fragmentaire et de contingent en leur personnalité. Elle conclut du cas particulier au général, indûment : et comme ces passants, elle les présente intacts et dans l'occupation journalière, elle impose ainsi l'attrait d'une hypocrite et négative vérité. Elle dit, créant pour ce besoin des entités morales sans fondement : l'adultère, le parricide, etc. Et elle réglemente ainsi la multiplicité de ces conjonctures sur l'à-priori d'un exemple, oubliant tout ce qu'il faut de transformation, de suppression de déchets, pour élever un cas particulier à la présentation de généralité d'un exemple. Ainsi elle semble aller à une synthèse. En réalité elle ne tend qu'à un formulaire faussement simplificateur de la destinée présente, qu'à une rudimentaire psychologie sociale, enfermant l'innombrable humanité dans quelques dilemmes, la châtrant dans des résumés pratiques d'application, fabriquant des emporte-pièce et des timbres : art d'étiquetage conforme à l'intolérable tendance contemporaine à classifier en petits casiers les passions comme les divisions du travail.

On ne peut représenter qu'*un* adultère, qu'*un* parricide. Et cela, l'art synthétique du drame, appelant à lui toute l'éternelle émotion suscitée par ces mots, le peut avec équité : mais la comédie de caractère, admettant une société et cherchant à en fixer des types, trouve sa fondamentale erreur dans la singularisation d'un cas, d'où elle ne devrait point conclure. Et n'est-ce pas là cette *pièce à thèse*, cette machinerie d'éducation par le théâtre, cette pédagogie scénique, qui, avec de la boursouflure, de la platitude et du mauvais style, encombre l'art dramatique de ce siècle égalitaire ? Et je songe au rôle des Augier ou des Dumas, auxiliaires

dociles des idées libertaires ou des dogma-
lismes gouvernementaux de leur époque,
proposant à la foule des personnages façon-
nés moralement selon les intentions politiques, ou la creuse élégance de mondanités
fanées, ou la vanité bourgeoise, serviteurs en
vérité des régimes — haïssables pour tout
artiste.

Il est aussi faux de prendre en soi le personnage, que de prendre l'objet en soi. On
ne déduit pas du cas d'un homme à tous les
autres cas, il est absurde de le prétendre —
mais on borne la déduction à cette conjoncture
isolée, et prétendre en donner exemple est
puéril. Car la valeur d'un exemple n'est pas
fixe, mais il évalue en valeur comme une
opinion d'un génie à un valet : et comment
arriver à proposer un exemple en le drame,
sinon en recherchant ce qui est permanent?

Or, qu'y a-t-il de permanent et d'indéfor-
mable? *La relativité des êtres et des conditions naturelles, et cela seul*, c'est-à-dire
l'instinct. Car tout le monde s'accorde sur

l'instinct, qui est le dialogue de l'homme et de la nature, insensible aux fluctuations des sociétés : mais personne ne s'accorde sur le raisonnement, sur l'interprétation des choses, qui varie selon les degrés de la connaissance et ses considérants. Ainsi la condition de simplicité synthétique du drame rejette l'intervention du cas particulier, la prééminence de l'affabulation, la restitution décorative d'un état social déterminé, en un mot tout ce qui tend à restreindre la violente personnalité de l'individu, tout ce qui apporte des réserves à la parole du poète, à la révélation de la foule sous l'apparence du personnage.

C'est ainsi que je conçois le drame, mission de liberté, paysage de nous-mêmes, et fiction surtout ! Car ce que nous sommes, c'est ce que nous nous préparons de tout notre esprit à devenir, et cela est fictif, et la seule vérité.....

Le personnage ne trouvant pas sa fin en soi, mais faisant allusion, devient symbolique, se dédouble : et je veux toucher ici à un point assez obscur, qui est l'exacte définition de l'acteur.

Je le découvre un des plus complets exemples de symbole. Qu'on y songe un peu, et on demeurera impressionné. Voilà un être vivant qui, entré en scène, continue à vivre, et pourtant ne vit plus. Il y a substitution de personnalité spirituelle et permanence de personnalité corporelle. C'était un homme, ce n'est plus qu'une parole incarnée. C'était un homme parlant selon son âme, ce n'est plus qu'un homme parlant selon l'âme d'un autre, et s'y pliant selon tout son effort. L'acteur est cet être étrange. J'ai expliqué que nous étions souvent les symboles les uns des autres : celui-ci l'est perpétuellement, et par mission. Il est le signe de l'auteur : il est *ce qui paraît* du poète. Dans le drame, le poète existe spirituellement, l'acteur matériellement : ils se complètent, ils ne font qu'un, et pourtant ils sont deux, et de ces deux êtres de chair, il y en a un dont la chair est abolie. Le mythe de

Narcisse, en lequel au début de ce livre j'ai enclos l'union de la conscience et du phénomène, de l'esthétique et de la morale, ce mythe, l'acteur et le poète en recréent un surgissement continuel ; dans les gestes et l'apparence du tragédien auquel il se confia, le poète contemple, non plus son reflet, mais son essence. A travers cette projection animée de lui-même, il regarde passer sa vision de la vie. Demeuré dans l'ombre, il contemple dans la lumière la divine danseuse de sa parole exaltée au triomphe incandescent des girandoles. Il est absent et présent, il est *représenté*. Ainsi tout concourt à une parfaite symbolisation, où l'acteur est médiateur plastique. Et c'est vraiment une preuve que la force d'instinctivité est, selon mon vœu, le seul motif essentiel du drame, qu'ainsi ses préparatifs soient identiques à ceux de toute émotivité, et que la parole du poète, comme ce sens silencieux des objets dont je parlais naguère, se révèle par l'intermédiaire d'un corps réel.

Singulière situation morale de l'acteur! Être surnaturel certes, et en quelque façon le sylphe voltigeant sur les cimes de la fable. Et ces préoccupations de symbolisme, de médiation, amènent presque aux termes de *présence réelle*, à une comparaison théologique. Oui, l'acteur est encore le prêtre d'une religion morale. Comme un prêtre, il n'existe pas pour lui-même et quant à sa fin, mais en tant que porte-parole et officiant d'un dieu dont la matérialité n'est pas, et dont la réelle présence est idéale. Il offre à la foule l'hostie de sa conscience, la pureté de son vœu intérieur, retrouvée par le poète, objectivée en une saisissante *élévation*. Le héros du drame est le prétexte d'un acte de foi en soi-même.

Ainsi, la conjonction de l'art et de l'éthique peut se faire par le ministère du drame, tel du moins que nous l'espérons et que quelques esprits, Carlyle, Wagner, se complurent à le formuler. L'art—et c'est un signe de plus, y concentre tous ses moyens d'expression...

Le langage, je le rêve préférablement: le vers.

Non que la prose n'ait des ressources de beauté instinctive, mais la composition du vers est triplement avantageuse. La loi intérieure de la poésie est plus adéquate à la sensibilité, au mouvement lent ou brusque du sang et des émotions nerveuses, moins figée et littéraire, au sens artificiel, que la prose. Puis le vers, langage spécial et inusité, revêt plus aisément le caractère de solennité et de singularité, augmente encore l'impression de cérémonie, de destination du personnage. Enfin, il recèle, en une nécessité plus intime et plus profonde, le chant : il en est plus animé, il en est partiellement composé, non plus par fantaisie, mais en loi, et il se relie ainsi avec aisance à l'expression musicale[1].

Le rythme! Il est toute la vie, et tout le drame. Une forme symphonique, qui ne se mêle point à la musique, mais en recherche la composition concentrée, entraînant les

[1] C'est cette concordance des deux arts, non pourtant poussée jusqu'à la fusion, que M. Mallarmé revendique contre la théorie du maître de *Parsifal* dans l'admirable *Rêverie d'un poète français sur Richard Wagner*.

autres arts dans son évolution, c'est là le secret pour retrouver le mouvement intérieur
de la foule, pour la faire lever de sa place,
l'émouvoir. Il y a deux nécessaires parties
dans le théâtre : la mobile, et l'immuable —
l'homme et la nature. Allier le rythme mul-
tiforme au stable, voilà le but à saisir, et ce
n'est que par le moyen de la symphonie qu'on
y parviendra — retraçant le thème de
l'homme sur l'orchestration permanente des
forces naturelles. Car il y a un rythme dans
l'inertie comme dans la mobilité — et il dé-
pend du poète de les combiner.

Les comparses, dans l'affabulation du
drame, ne sont que des motifs de jonction
des diverses formes d'art. Ils réunissent en
eux la sculpturalité, la couleur, la mimique,
triple ordonnance du rythme. Ils secondent
le vers par une perpétuelle allusion à l'harmonie. Le fait seul qu'un personnage parle en
faisant des gestes montre qu'il les adresse à
quelque chose qu'on ne voit pas, qu'il fait,
une fois de plus, allusion. Le sens des mimes

et des danseurs est là : ils racontent en silence, ils commentent. Ils ne sont pas, comme les confidents du théâtre classique, de mortes figures prétextant, sous la sauvegarde d'une expansion prétendue vers un visage amical, le monologue du protagoniste. Ils sont les intermédiaires de la foule et du héros, des spectateurs montés sur la scène et qui, ne se bornant point à écouter, manifesteraient plus ouvertement leur émotion, laisseraient transparaître l'intérieur ébranlement en eux provoqué par le vers, et en quelque façon l'effet du rythme sur leur sensibilité. De la sorte ils interviennent à degré secondaire entre le public, muet en sa passivité, et le personnage. Et la parole du personnage, ils la mettent en action, la propagent par gestes jusqu'à la foule. C'est là que se retrouve l'accompagnement du thème musical — la partie mobile de la dramaturgie.

Tout geste ou motif non spécialement destiné au drame et non adjuvant à sa conclusion n'est point valable. Voilà ce que je voudrais

dire et redire contre la manie du hors-d'œuvre
en le théâtre français contemporain — j'entends M. Henry Becque hautement mis à part.
« Tout concourt par réciprocité ou relativement à une figure seule. » Je répète que
c'est la loi de toute intellection. Elle agit sur
tout le drame, et les personnages secondaires
n'en sont point exempts, mais contraints
essentiellement.

Quant à la partie immuable et figée de
l'œuvre, au cadre permanent de la nature, il
les faut concilier dans les réciprocités avec
l'exigence optique de la scène : je viens à parler du décor.

Il n'est pas une reconstitution : il n'est pas
l'illusion de la vie ordinaire, non plus — également détourné de son destin par la figuration romantique ou le vestibule racinien,
et le salon à la mode ou l'intérieur populaire
« où l'on mange de la vraie soupe » du récent
Théâtre-Libre.

Il n'est pas un prétexte à exhibition d'a-
meublement ou à la puérile *couleur locale*,

aussi illusoire que le *ton local* d'un objet en peinture : il ne doit pas attirer l'attention. Le fait même qu'il soit déjà un élément inerte et figé oblige à diminuer le plus possible l'éventualité d'impression inerte. Tout le détail destiné à accumuler les sensations d'une fausse vérité est nuisible au drame, en distrait l'attention, l'éparpille en faisceau sur les contingences. Et cette vérité recherchée à tort n'est même pas rencontrée : car plus on entasse d'objets authentiques sur la scène, plus le désaccord est brutal et blessant, de par le fait de la rampe nue, entre la salle toute disposée pour l'impression d'un spectacle artificiel, et ce coin de vie dévoyé. Rien au théâtre n'est fait pour demeurer, tout y voltige selon l'illusion, tout y est fable, prestige, et en quelque façon jeu des reflets de lustres, qui sont peut-être tout le décor : et l'ameublement contrarie cette destination, et de somptueux qu'il pourrait être, vu en une installation durable, devient lourd et encombrant à la scène, essaie vainement de lutter pour maintenir une sensation d'authenticité et de naturel, dont la foule, friande de féerie et d'envolement en le mirage qu'elle vient chercher, ne saurait témoigner nul souci.

Le décor est autre chose. Un accompagnement dans le sens de la fable, relégué à son rôle d'accompagnement, allégé de toute signification autre que de motifs généraux et simples de la nature, avec quelques détails selon les circonstances où le héros est plus ou moins aux prises avec un objet désigné. Il doit, ainsi compris, répondre à plusieurs conditions. Premièrement et avant tout, se tenir dans les généralités, étant, comme l'orchestration musicale de la symphonie, non les accidents eux-mêmes de la nature, mais leur expression et ce qu'on en ressent. C'est aller à l'encontre du développement dramatique qu'ériger en décor une fixation — car rien ne s'arrête dans la composition scénique, et tout progresse et se transforme. Que la fixation soit chronologique ou simplement de détail trop décomposé, elle est à contre-sens.

L'exigence optique du théâtre contemporain exige un intermédiaire entre le plancher et la salle. Il faut qu'on sente que les êtres évoluant au proscénium ne sont pas des hommes ordinaires, mais qu'ils sont réunis là pour quelque conclusion spéciale. Voilà une seconde condition du décor : accentuer l'impression qu'il y a fiction, que quelque chose va être inventé. Et pour ainsi aller dans le sens du drame, la suppression du détail dit réel s'impose. Ce qu'il faut, c'est un cadre conventionnel, agréable au regard et invraisemblable, un isolateur — car il y a tableau de par l'arrangement et la couleur de la scène ; c'est un enveloppement qu'il faut souhaiter. Et il existe une forme d'art tout exprès créée, et dénommée justement selon ce vœu : je veux dire l'art décoratif, tout entier constitué d'allusions, de symboles, d'évocations d'une chose par d'autres, art de fable s'il en fut, offrant à la vue la jouissance de lignes et de colorations sans la fatigue d'y retrouver des objets. Cet art inspirera le décor. Les nuances

mêmes, sans en exagérer les propriétés symboliques, réglementer sottement ces sensations
de similitude, les nuances pourront apprêter
un certain apparat de correspondances avec
les sentiments exprimés. Je rappelle que cette
remarque, si incriminée et qualifiée d'absurde
par certains, est des plus simples et des plus
légitimes, car tout peintre *sent en couleur* et
saisit des relations directes entre la tristesse
douce et le mauve, par exemple. Ainsi, sans
pousser jusqu'à une régularisation qui ne
serait même pas possible devant une réunion
de peintres, peut-on mettre en œuvre la part
d'influence des colorations dans le décor,
dans une acception fort large, avec un sens
des ensembles. Et cette mise en œuvre se
reportera également sur les costumes, compris selon la simplicité et le caractère permanent de la vêture, écartées les modifica-
tions incessantes de la mode [1].

---

[1] Une tentative de ce genre reçut, je le rappelle, fort bon
accueil, bien que très incomplète, lors de la représentation
de *Pelléas et Mélisande*, en mai 1893, à Paris et à Bruxelles.

Si je m'efforçais à une formule, je dirais pour résumer :

Suppression du détail de *fixation* — augmentation du détail de *permanence*.

L'intérêt supérieur du théâtre semble être là. Toute la dramaturgie de Wagner procède de ces deux observations.

Il s'agit en somme, et sans plus, de représenter l'homme aux prises avec la nature, c'est-à-dire instinctif, et par conséquent anarchiste. Le drame est une révélation humaine, une occasion de liberté, un jaillissement multiple des expressivités, rêve, éloquence, plastique, apparat décoratif — un cérémonial en un mot, une des grandes conjonctures où se peut réfugier la pompe, bannie de nos temps utilitaires.

Ce qu'on appelle de ce beau nom de spectacle, c'est une gloire, la folie héroïque de l'âme libérée déferlant son rêve authentique au promontoire lumineux de la rampe, où la foule se hérisse en cris de reconnaissance vers ses fantômes. Qu'importent des détails de la

vie courante juxtaposés pour la puérile satisfaction des vanités de l'œil? Il est ici question
d'un grand salut de silence à la Poésie, impé-
ratrice des esthétiques réunies: et le suprême
et fugitif rêve de nous-mêmes ne peut sans se
ternir abandonner l'antique triomphe du
vers, et ce culte du geste humain, et sa vague
magnificence. Dans ce rite de révélation s'in-
clinent les deux sœurs pâles, l'éthique et
l'esthétique: elles ne furent jamais désunies.

Je convoque ici les témoignages princiers
des époques anciennes, pour parler d'une des
rares et défaillantes circonstances où un
rayonnement peut encore irradier notre société fanée. Le théâtre! Il concentre nos
expressions, il nous décrète suzerains de nos
nostalgies et de nos synthèses, il assemble
dans la légende et le mirage de l'invisible les
empires épars de notre rêve, il dresse vivante
et palpitante la divine statue de notre Désir!
Qu'importe si j'ai dit ce qu'il n'est pas encore?
Il faut qu'il le soit. Je répète avec Emma-
nuel Kant: « Il faut calculer non sur ce qui

pourra prévisiblement advenir, en logique, mais sur ce qui devrait arriver, cela n'arrivât-il jamais. » Et la hautaine désespérance de cette chère parole pourra s'illuminer de joie cependant, puisqu'il sera bien nécessaire à l'impérissable besoin de la beauté que s'atteste infrangible un dernier prestige, — et je ne le vois nulle part plus désirable que dans ce grand cri de révolte et de personnalité, dans ce vivace emportement de la passion brandi sur la foule inquiète, à certains soirs, comme une torche, jeté en grâce au souriant fantôme de notre songe comme une couronne de roses dans les ténèbres.

Août **1893.**

TABLE

Tours

Imprimerie Deslis Frères

6, rue Gambetta